Q&Aでよくわかる

預金法務

の実務ポイント

髙橋恒夫 著

経済法令研究会

はしがき

　多くの顧客とさまざまな取引を行う金融機関においては、迅速かつ正確な業務の遂行が求められ、そのためにはそれぞれの担当職務における実務知識とともに、実務の裏付けとなる法律知識が必要となります。

　預金取引における業務は、預金の受入・管理・支払に大別されますが、ケースに応じてさまざまな法的・実務的留意点があり、それらに対し的確に対応するためには、民法や民事執行法・犯罪収益移転防止法などの各種法令、普通預金規定・当座勘定規定などの各種約款に対する知識が必要であるとともに、実務に大きな影響を与える判例についての理解も不可欠です。

　本書は、上記の点を踏まえ、預金取引におけるトラブル・相談について的確に対応できるよう、日常起こりうるさまざまな事例を設け、各種法令や判例等をもとにわかりやすく解説するとともに、実務対応についても具体的に解説しています。

　なお、本書は、前書「営業店のための 預金法務Q＆A」について全体の内容を見直すとともに、民法・個人情報保護法等の法改正や手形交換などの制度改正を反映して全面リニューアルしたものです。

　金融機関にはさまざまな顧客が来店し、予期せぬ質問をされたり、双方の行き違いによりトラブルが生じることもあります。そのような事態に遭遇した際、的確に対応できるよう、預金業務に携わる方々が本書を日常業務の手引書として活用していただければ幸いです。

2023年1月

髙 橋　恒 夫

目　　次

第1章　預金取引の開始

1　預金契約の成立等

2　取引時確認等

第2章　預金の払戻し、解約

1 預金の払戻し

6 その他

第4章 振 込

第5章 預金取引と情報管理

第6章　当座勘定取引と手形・小切手

CHAPTER 1

第1章 預金取引の開始

預金契約の成立等

Q 1 預金契約の性質と譲渡質入禁止特約の効力

預金契約の性質はどのようなものですか。また、預金債権はいつ成立しますか。譲渡質入禁止特約の効力は譲受人等に対抗できますか。

A answer

預金契約は消費寄託契約であり、当事者間の合意のみで成立する諾成契約です。また、預金債権は、その目的物（金銭等）を金融機関が受領した時に成立します。預金債権に付された譲渡質入禁止特約は悪意または重過失の譲受人等に対抗することができます。

▶ **解説** explanation

 ① 預金契約の法的性質

　預金契約について判例は、「預金者が金融機関に金銭の保管を委託し、金融機関は預金者に同種、同額の金銭を返還する義務を負うことを内容とするものであるから、消費寄託の性質を有するものである。」としています（最判平成21・1・22民集63巻1号228頁）。

　そのうえで同判例は、「預金契約に基づいて金融機関の処理すべき事務には、預金の返還だけでなく、振込入金の受入れ、各種料金の自動支払、定期預金の自動継続処理等、委任事務ないし準委任事務の性質を有するものも多く含まれている。」としています。

　民法は、寄託は当事者間の合意のみでその効力を生ずるとしており（民

法657条)、諾成契約としています。また、消費寄託は、原則として寄託の規律が適用されますが(同法666条1項)、消費貸借の規定は限定的に(同法590条・592条)準用するものとし(同条2項)、預金契約については、さらに同法591条2項および3項を準用(注)しています(同法666条3項)。

(注) 金融機関は、定期預金等の返還時期の定めの有無を問わず、いつでも払い戻すことができるので(同法666条3項・591条2項)、期限の利益を喪失した貸出債権等といつでも相殺することができます。

❷ 預金契約の成立と預金債権

　預金契約が成立した後、その目的物である金銭等を金融機関が受領した時に預金債権が成立します。なお、預金者は、金融機関が現金等を受け取るまでの間に預金をする必要がなくなった場合は、成立した預金契約を解除することができますが、金融機関は、これによって損害を受けたときは、その賠償を請求することができます(民法657条の2第1項)。

　一方、無報酬の受寄者であれば、寄託物を受け取るまで、契約の解除をすることができますが、預金契約は、原則として書面によるものであるため、無報酬の金融機関(受寄者)であっても、現金の引渡しがないことを理由に、契約の解除をすることはできません(同条2項)。

❸ 譲渡質入禁止特約の効力

　民法は、譲渡質入禁止特約などの譲渡制限特約が付された金銭債権であっても、有効に譲渡することができるとしていますが(民法466条2項)、預金債権に係る譲渡制限特約の効力については、悪意または重過失の譲受人その他の第三者に対抗することができるとしています(同法466条の5第1項)。預金債権について譲渡制限特約が付されていることについては、預金通帳や証書等に明記されており、これにより悪意・重過失とされた譲受人等との関係では、預金債権の譲渡や質入は無効となります。

Q 2 窓口入金による預金の成立

窓口に来店したAが、総合口座開設申込書に所定の事項を記入して窓口担当者に提出し、さらに現金100万円をバッグから取り出してカウンター上に置いたところ、何者かによって現金を強奪されてしまいました。申込書には普通預金への入金額100万円と記載されていましたが、この場合、Aの総合口座は開設されたことになるのでしょうか。

 answer

Aの総合口座は、所定の事項が記載された総合口座開設申込書を金融機関の窓口担当者が受理した時点で開設されたことになります。しかし、金融機関は、金銭の引渡しを受けていないので、100万円の返還義務を負うことはありません。ただし、カウンター上に置かれた金銭の保管について、金融機関の善管注意義務違反があった場合は、損害賠償請求されるおそれがあります。

▶ **解説** explanation

　Aにより、氏名や金額等が記載された申込書で総合口座の新規開設の申込がされ、金融機関の窓口担当者がこれを承諾すると、その時点でAの総合口座が開設されたことになり、印鑑届等の所定の手続が完了すれば、残高0円の総合口座通帳を発行することができます。

　また、質問の場合は、Aがカウンター上に現金100万円を置いたところ、

何者かによって強奪されてしまい、金融機関に引き渡されていないので、100万円の普通預金債権はこの時点では成立せず、100万円の返還義務を金融機関が負担することもありません。

　なお、平成29年改正前民法下では、消費寄託契約は要物契約とされていたため、質問のような事案について判例は、預金契約はいまだ成立したとはいえないとし、金融機関の保管責任についても否定していますが（大判大正12・11・20法律新聞2226号4頁）、当該事案の原審では、金融機関の保管責任を認め、それを怠ったことに対し損害賠償を命じています。

　実務の指針としては、控訴審判断が妥当であり、窓口担当者が応答した以上、以後金融機関に保管責任があるものと考えて安全保管に努めるべきです。

　なお、金融機関は、成立した総合口座契約について、現金が引き渡されなかったことを理由に解除することはできません（民法657条の2第2項ただし書。Q1参照）。

Q **3** 　　**外訪先での預金の成立**

渉外担当者が、取引先から定期預金預入のため金銭を預かったものの、帰店途中で紛失してしまいました。この場合、取引先の定期預金は成立しますか、また、当該定期預金の払戻請求がされた場合は、どのように対応すればよいでしょうか。

 A answer 　渉外担当者が取引先から入金伝票を受理した時点で定期預金契約が成立し、現金も受領しているので定期預金債権も発生しています。したがって、帰店途中で紛失したとしても、金融機関は、定期預金元利金相当額の払戻義務を負うことになります。

▶ **解説** explanation

　預金契約は当事者の合意によって効力が生じる諾成契約と解されています（Q１参照）。

　質問の場合も、渉外担当者が取引先から定期預金の申込書の提出を受け、これを承諾した時点で取引先との定期預金契約の効力が生じ、集金した時点で定期預金債権が発生します。その後、渉外担当者が当該金銭を横領したり帰店途中で紛失したとしても、金融機関は、取引先に対して定期預金元利金相当額の払戻義務を負うことになります（東京高判昭和46・12・7金融・商事判例306号14頁参照）。

Q 4 他店券・当店券の入金による預金の成立

普通預金や当座預金に他店券や当店券の入金依頼を
受けた場合、どの時点で預金が成立するのでしょうか。

A answer 他店券入金の場合は、他店券の取立が完了した時に普
通預金等の預金債権が成立し、当店券の場合は、当座
勘定からの当店券の引落が完了した時に預金債権が成
立します。

▶ 解説 explanation

❶ 他店券入金の場合

　他店券（手形・小切手等）入金による預金債権の成立時期については、
取立委任説と譲渡説がありますが、判例・通説は取立委任説をとっており、
普通預金規定や当座勘定規定、代金取立規定等は、この説に従った規定と
なっています。

　取立委任説の考え方は、他店券の取立が完了した時に普通預金が成立す
る（不渡りになれば契約の効力が発生しない）というものであり（普通預
金規定ひな型4条）、取立済みとなることを条件とする停止条件（注1）付
預金契約と取立委任契約との結合した契約です。これに対し、譲渡説の考
え方は、他店券の入金と同時に預金契約が成立し、不渡りになれば預金を
取り消すというものであり、他店券の不渡を条件とする解除条件（注2）
付預金契約とするものです。

　なお、預金約款上は、通常、「証券類は、受入店で取立て、不渡返還時限

の経過後その決済を確認したうえでなければ、受入れた証券類の金額にかかる預金の払戻しはできません」と規定しています。民法においても、この預金約款によって預金債権の成立が判断されるため、要物性の有無にかかわらず、決済確認前は、預金債権は成立しないと解されます。

（注1）ある条件が成立した場合に契約の効力が発生するもの
（注2）ある条件が成立した場合に契約の効力が消滅するもの

❷ 当店券（小切手等）入金の場合

　当店券（小切手等）入金による預金の成立時期については、当店券の振出人の当座勘定から当該小切手金額等の引落が完了した時に、当店券の取立が完了し普通預金等の債権が成立する（不渡りになれば契約の効力が発生しない）ことになります。

振込による預金債権の成立と振込による債務弁済

普通預金等に振込があった場合、どの時点で預金債権が成立するのでしょうか。また、振込によって債務を弁済した場合、どの時点で弁済したことになるのでしょうか。

A answer

普通預金等に振込があった場合は、被仕向銀行の受入口座の勘定元帳へ入金記帳された時に預金債権が成立します。また、振込による債務者（振込依頼人）の債権者（受取人）に対する弁済の効力は、受取人の預金口座の勘定元帳に入金記帳された時に発生します。

▶ **解説** explanation

❶　振込による預金債権の成立時期

　振込による預金債権の成立時期については、被仕向金融機関の受入口座（普通預金等）の勘定元帳へ入金記帳された時に、金融機関間の資金決済が完了していなくても、普通預金債権等が成立します。

　なお、当該振込が、仕向金融機関の重複発信等の誤発信によるものであった場合や、被仕向金融機関の口座相違によるものであった場合は、誤振込先の預金債権は成立しません。ただし、振込依頼人の過誤によるものであった場合は、誤振込先の口座に入金記帳された時に、誤振込先の預金債権が発生し、誤振込先が払戻請求権を取得します（Q21参照）。

❷ 振込による債務弁済と弁済の効力の発生時期

　債務者（振込依頼人）の債権者（振込の受取人）に対する弁済が、債権者の預金口座への振込によることが許容されている場合、振込による弁済の効力発生時期について民法477条は、債権者が、その預金債権の債務者（金融機関）に対して、振り込まれた金額の払戻請求権を取得した時に、弁済の効力を生じるとしています。

　振込による預金債権は、受取人の預金口座の金融機関の勘定元帳に入金記帳された時に発生し、振込金相当額の払戻請求権が発生するので、その時に債務者（振込依頼人）の債権者（受取人）に対する弁済の効力が生ずることになります。

Q 6　定期積金の成立と受入

定期積金とはどのような契約ですか。また、毎月、随意の日を掛金の払込日とする定期積金契約の申出を受けましたが、可能でしょうか。また、払込日を一定の日としたにもかかわらず、実際の払込が払込日より遅れた場合、どのように対応すればよいでしょうか。

A answer

定期積金契約は、積金者が一定金額の金銭を一定期間、定期的に払い込み、満期日に金融機関から一定額の契約金の給付を受けるという契約です。掛金の払込日は毎月一定日（原則として第1回払込日の月ごとの応当日）でなければなりません。掛金の払込が払込日後となった場合は、遅延日数に応じて満期日を繰り延べ、または満期日に遅延利息を徴求します。払込日前の払込が一定日数以上ある場合は、先払割引金を支払います。

▶ **解説** explanation

❶ 定期積金の仕組みと法的性質

　定期積金契約は、積金者が定期積金契約の条件として約定した一定金額の金銭（掛金）を一定期間、定期的に払い込むことによって、満期日に金融機関から一定額の契約金（給付契約金）の給付を受けるという契約です。たとえば、契約期間を2年、満期返戻金100万円の定期積金契約を結んで、毎月所定の日に所定の金額を払い込むと、金融機関は満期日に掛金額

の合計額に利息に相当する金額（給付補てん金）を加算して、契約額の100万円を支払うというものです。その法的性質は、金融機関と積金者との合意のみによって成立する諾成契約と解されています。

❷ 定期積金の条件等

⑴ 4条件を確定することにより成立

定期積金契約は、毎回の一定の掛金額、払込回数、払込日および年利回りの4要素を基礎に組成するものであり、これらの条件を確定することにより給付契約金が定まり契約が成立します。たとえば、毎月1回一定日に払い込む月掛方式の場合、給付補てん金は、掛金の払込が毎月一定の日に行われるものとして、あらかじめ確定した各掛金の満期日までの滞留月数の総和、すなわち月積数に、1回の掛金額と年利回りを乗じて算出します。

⑵ 払込日は毎月一定日

掛金が所定の月積数を確保するためには、払込日は毎月一定日（原則として第1回払込日の月ごとの応当日）であることが不可欠であり、不定期とする契約は締結できません。

⑶ 掛金の払込が遅延した場合

掛金が払込日に遅れて払い込まれた場合には、掛金の満期日までの滞留期間は所要の月積数に達しません。そこで、月積数の不足を補うために、不足する日数分だけ満期日を繰り延べるか、または損失を補てん（過払金を回収）するため、遅延日数に対し約定利率による遅延利息を徴求して満期日に支払うなどの方法をとります。

⑷ 掛金を払込日前に払い込んだ場合

掛金を払込日前に払い込んだ場合には、逆に給付補てん金の基礎となる掛金の月積数が所定の月数を超過し、契約金額が約定利回りを下回ることになります。そこで、一定回数以上の先払あるいは先払日数合計が一定日数以上に達している場合には、その日数に応じた先払割引金を満期日に給付契約金に上乗せして支払う扱いをします。なお、満期日を繰り上げる扱いはしないことになっています。

Q 7 口座開設等とマネー・ローンダリング・疑わしい取引の届出

口座開設等に際しては、マネー・ローンダリング防止のため、取引時確認や疑わしい取引の届出が義務づけられていますが、その概要はどのようになっていますか。

A answer

マネー・ローンダリングを防止するため、犯罪による収益の移転防止に関する法律（以下「犯罪収益移転防止法」という）が制定されています。同法は、金融機関等の特定事業者については、①顧客管理措置として、特定取引等を行う際に取引時確認を実施し、当該取引に係る確認記録や取引記録を保存するものとし、②特定業務に係る取引において収受した財産が、犯罪による収益である疑いがある場合等には、所管行政庁に疑わしい取引の届出を行わなければならないとしています。

▶ **解説** explanation

❶ マネー・ローンダリングとは

　マネー・ローンダリングとは、不法領得した金銭をいくつもの預金口座を転々と移動させて、その出所をわからなくして合法的な資金として使えるようにする行為であり、これを放置すると、暴力団、テロ組織その他の

犯罪組織が、不法領得した資金を基に合法的な経済活動に介入し、健全な経済活動に重大な悪影響をもたらすおそれがあります。

❷ マネー・ローンダリング防止のための顧客管理措置と疑わしい取引の届出

　マネー・ローンダリングによる犯罪収益の移転を防止するためには、①マネー・ローンダリング等に利用されるおそれのある事業者（金融機関等の特定事業者）が適正な顧客管理を講じることにより、そのリスクを抑制するとともに、②マネー・ローンダリング等の犯罪が行われた場合には、資金の追跡を可能とし、それらの犯罪の実態解明や検挙に資する仕組みを構築することが有効です。

　マネー・ローンダリング防止等のために制定された犯罪収益移転防止法は、金融機関等の特定事業者に対し、①顧客管理措置として、一定の取引（特定取引または高リスク取引）を行う際に顧客等の本人特定事項等を確認するとともに（取引時確認の実施）、当該取引に係る記録等を保存しなければならない（確認記録・取引記録の保存）、②特定業務（金融業務）に係る取引において収受した財産が、犯罪による収益である疑いがある場合等には、所管行政庁に届け出なければならない（疑わしい取引の届出の実施）、としています。

❸ 疑わしい取引の届出と判断基準等

　疑わしい取引の届出が必要となる場合について犯罪収益移転防止法8条は、①特定業務に係る取引において収受した財産が犯罪による収益である疑いがある場合、②顧客等が特定業務に関し組織的犯罪処罰法10条の罪もしくは麻薬特例法6条の罪に当たる行為を行っている疑いがあると認められる場合、としています。

　なお、特定業務とは、犯罪収益移転防止法4条に規定されている特定業務（金融業務）であり、その全般を指します。したがって、取引時確認が必要となる特定取引等以外の取引についても届出の対象となります。つま

り、特定取引に該当しない敷居値未満の取引であっても、上記①または②に該当する場合は、疑わしい取引の届出が必要となるので注意が必要です。

　また、疑わしい取引に該当するかどうかの判断については、取引時確認の結果、当該取引の態様その他の事情、および国家公安委員会が毎年公表している犯罪収益移転危険度調査書の内容を勘案しつつ、かつ、主務省令で定める方法により行わなければなりません（犯罪収益移転防止法8条2項、同法施行規則26条・27条）。

Q 8 口座開設等と取引時確認

窓口に来店したAは、総合口座開設申込書に所定の
事項を記入して押印し、口座開設の申込をしました。
口座開設に際しての取引時確認手続はどのように行え
ばよいのでしょうか。

A answer Aの本人特定事項（氏名、住居、生年月日）につい
て、Aの運転免許証等の公的書類の提示を受けて確認
するとともに、口座開設の目的とAの職業を確認しな
ければなりません。

▶ **解説** explanation

 取引時確認が必要となる取引

(1) 特定取引

特定取引は、「一定の対象取引」と「顧客管理を行ううえで特別の注意を
要する取引」に分けられます。

① 一定の対象取引

犯罪収益移転防止法施行令7条に列挙されている取引であり、以下のよ
うな取引があります。

・取引関係の開始（預金口座の開設、貸金庫取引の開始等）

・大口現金取引等（現金等による200万円を超える取引）

・10万円を超える現金の振込等を行う取引

・限度額を超えない（敷居値以下の）取引であっても、顧客の言動等か

ら1つの取引を分割したものであることが明らかと判断される場合の当該取引（たとえば、現金での15万円の振込依頼について取引時確認をしようとしたところ、9万円と6万円に分けた振込依頼に変更された場合など）

② 顧客管理を行ううえで特別の注意を要する取引

対象取引以外の取引で、顧客管理を行ううえで特別の注意を要するものとして、次に掲げる取引をいいます。たとえば、200万円以下の預金の払戻しのように対象取引に該当しない取引であっても、顧客管理を行ううえで特別の注意を要する取引の場合は、特定取引に該当し取引時確認が必要となります。

・疑わしい取引（マネー・ローンダリングの疑いがあると認められる取引）

・同種の取引の態様と著しく異なる態様で行われる取引（資産や収入に見合っている取引ではあるが、一般的な同種の取引と比較して高額な取引、定期的に返済されていたが、予定外に一括して繰上返済がなされる取引など）

上記の特定取引を受け付けた場合は、本人確認書類の提示を受けるなどして取引時確認を行う必要があります。ただし、①の対象取引については、すでに新規の口座開設時などに取引時確認を行っていることが確認できる場合には、通帳やキャッシュカードの提示など所定の方法により取引時確認済みであることの確認で足りますが、②の顧客管理を行ううえで特別の注意を要する取引の場合は、改めて取引時確認が必要となります。

⑵ **高リスク取引**

高リスク取引とは、マネー・ローンダリングに用いられるおそれが特に高い取引であり、犯罪収益移転防止法では以下の取引が高リスク取引とされています。

① なりすましの疑いがある取引……取引時確認において、取引に関連して行われた他の取引（関連取引）の際に本人特定事項の確認が行われた顧客になりすましている疑いがある取引

② 契約時において取引時確認事項を偽っていた疑いがある顧客との取引……関連取引時の確認にかかる事項を偽っていた疑いがある顧客との取引

③ 犯罪収益移転防止制度の整備が不十分であると認められる国または地域（北朝鮮・イラン）に居住・所在する顧客等との取引……北朝鮮やイランに居住している者のみならず、所在している者との取引についても、その対象となる

④ 厳格な顧客管理を行う必要性が特に高い取引……外国PEPs（外国政府の要人、その家族等）との特定取引

　上記の高リスク取引の場合は、金融機関はより詳細に取引のリスクを分析して、疑わしい取引として届出を行うべきか否かを判断する必要があり、厳格な取引時確認が求められます。具体的には、通常の特定取引に際して行う本人特定事項の確認に加えて、顧客等および代表者等の本人特定事項の追加的な確認方法として、2種類以上の本人確認書類または補完書類の提示等で確認し、少なくとも1点は継続的取引の開始時に用いた本人確認書類以外の書類等による確認が必要となります。

　また、高リスク取引で200万円超の財産の移転を伴う場合は、上記措置に加えて、「資産及び収入の状況」の確認が必要となります。ただし、疑わしい取引の届出を行うかどうかを判断できる程度に行うこととされており、必ずしも顧客の資産および収入の全部の確認が求められているものではありません。なお、高リスク取引においては、実質的支配者の本人特定事項についても、株主名簿や有価証券報告書等の法人の議決権の保有状況を示す書類等を確認し、かつ当該法人の代表者等から申告を受ける方法によることが必要となります。

　高リスク取引の場合は、取引確認済みの顧客であっても、新たに取引時確認が必要となります。

❷ 個人における取引時確認

　犯罪収益移転防止法は、個人顧客との間で預金等の取引を行うに際して

は、本人特定事項のほか、顧客管理事項の確認を義務づけています（犯罪収益移転防止法4条1項）。

(1)　本人特定事項・顧客管理事項の確認

本人特定事項とは、氏名、住居および生年月日であり、運転免許証等の公的書類の提示を受けて確認しなければなりません。また、確認すべき顧客管理事項とは、取引目的および個人の職業です。

(2)　実在性の有無・なりすましの有無の確認

本人特定事項の確認に際しては、①実在する人物なのか否かという「実在性の有無」と、②別人が本人になりすましているのではないかという「なりすましの有無」について、公的証明書等による確認が義務づけられています。

公的証明書が本人しか所持できない顔写真入りの運転免許証や個人番号カード、在留カードなどの場合は、「実在性の有無」と「なりすましの有無」を同時に確認できます。

しかし、顔写真のない健康保険証や本人以外の者でも入手できる住民票などの場合は、「実在性の有無」は確認できますが、「なりすましの有無」は確認できないため、他の本人確認書類や現住所の記載のある公共料金の領収書等の提示を求めるか、あるいは証明書記載の住所宛に取引関係書類等を転送不要扱いの書留郵便等で送付する方法等の手続が必要となります。

(3)　「取引目的の類型」・「職業の類型」の確認

顧客管理事項を確認する場合の「取引目的の類型」は、「生計費決済」「事業費決済」「給与受取り・年金受取り」「貯蓄・資産運用」「融資」「外国為替取引」などです。

また「職業の類型」は、「会社役員・団体役員」「会社員・団体職員」「公務員」「個人事業主・自営業」「パート・アルバイト・派遣社員・契約社員」「主婦」「学生」「退職された人・無職の人」などです。

第1章　預金取引の開始

Q 9 **未成年者との預金取引と取引時確認**

総合口座取引先Aが、保育園に入園した子Bの保育
料支払手続のために来店しました。そして、B名義の
預金口座を開設したいとの申出がありました。取引時
確認はどのようにすればよいでしょうか。

A answer 法定代理人である親権者Aについても、未成年者Bと
ともに本人特定事項の確認を行うことが必要となりま
すが、質問の場合は、Aは取引時確認済みの確認を行
えば足ります。また、Bについては、顔写真入りの公
的証明書はない場合が多く、その場合は、健康保険証
や住民票等の複数の公的証明書で取引時確認を行いま
す。

▶ **解説** explanation

❶ 親権者による未成年者の口座開設

親権者は未成年者の法定代理人であり、親権者が未成年の子を代理して
子の名義の口座を開設すること自体は、法的には何ら問題はありません（民
法824条・859条）。

❷ 代理人による口座開設と取引時確認

⑴ 代理人による口座開設

個人顧客の代理人が本人の口座の開設等を行う場合は、当該代理人の本

人特定事項のほか、代理権（取引の任にあたっていること）の確認が義務づけられています。代理権の確認方法は、以下のとおりです。

① 顧客の同居の親族または法定代理人であること
② 委任状または特定取引の任にあたっていることを証明する書面を有していること
③ 電話等により特定取引の任にあたっていることを確認できること
④ 顧客と本人との関係を認識している（面識がある）、など、特定取引の任にあたっていることが明らかであること

(2)　代理人による未成年者の口座開設

親権者が未成年者を代理して預金口座を開設する場合は、親権者についても未成年者とともに本人特定事項の確認を行うことが必要です（犯罪収益移転防止法4条4項）。

質問の場合、法定代理人であるAは総合口座開設の際に取引時確認を行っているので、取引時確認済みであることを確認します（同条3項、同法施行令13条2項）。未成年者については、未成年者の場合は顔写真入りの公的証明書がない場合が多いので、健康保険証や住民票など複数の公的証明書により取引時確認を行うことになります。

❸　簡素な顧客管理を行うことが許容される取引

国または地方公共団体に対する金品の納付または納入に係る取引や、公共料金、入学金の支払など、簡素な顧客管理を行うことが許容される取引として、犯罪収益移転防止法施行規則4条に掲げられている取引については取引時確認は不要です。

具体的には、小売電気事業者もしくは一般送配電事業者、一般ガス事業者または水道事業者への電気・ガス・水道水料金の支払に係るもの、小学校、中学校、義務教育学校、高等学校、大学または高等専門学校に対する入学金・授業料等の現金による振込については、10万円を超える場合でも取引時確認が不要となっています。

Q 10 **妻による夫名義の預金口座の開設と取引時確認**

··

妻が、夫名義の口座を開設する場合、取引時確認は
どのように行えばよいでしょうか。

A answer 妻の代理権限の確認と、妻が夫のために特定取引の任
にあたっていることの確認が必要です。また、本人で
ある夫について取引時確認を行うとともに、代理人で
ある妻についても本人特定事項の確認が必要です。

▶ **解説** explanation

❶ 妻の代理権限等の確認

　妻は、夫の代理人として預金口座の開設を行うことになるので、夫に連
絡をとることなどにより、夫に口座を開設する意思があることと妻に代理
権を与えたことを確認する必要があります。

❷ 犯罪収益移転防止法上の取引時確認

(1) 本人および代理人についての取引時確認

　本人である夫について取引時確認を行うとともに、代理人である妻につ
いても本人特定事項の確認が必要です。

　具体的には、運転免許証等の公的証明書の提示を受けて、①本人特定事
項、②取引を行う目的、③顧客の職業の確認を行うとともに、夫および妻
の双方について、その実在性と同一性（なりすましではないか）の確認を

行わなければなりません。

⑵　妻が夫のために特定取引の任にあたっていることの確認

犯罪収益移転防止法施行規則12条５項１号では、次の各事由のいずれか
に該当すれば、代理人である妻が夫のために特定取引の任にあたっている
と認められるとしています。

①　代理人が、当該顧客の同居の親族または法定代理人であること

②　代理人が、当該顧客が作成した委任状その他の当該代理人が当該顧
　　客等のために当該特定取引等の任にあたっていることを証する書面を
　　有していること

③　顧客に電話をかけること、その他これに類する方法により、当該代
　　理人が当該顧客のために当該特定取引等の任にあたっていることが確
　　認できること

④　①から③までに掲げるもののほか、金融機関が当該顧客と当該代理
　　人との関係を認識していること、その他の理由により、当該代理人が
　　当該顧客のために当該特定取引等の任にあたっていることが明らかで
　　あること

Q 11 **他店で取引時確認がなされている顧客の取引時確認**

他店ですでに取引時確認済みの顧客と取引時確認が必要な取引をする場合、改めて取引時確認をする必要がありますか。

A answer 他店ですでに取引時確認済みの顧客であることが確認できれば、再度の取引時確認は不要です。

▶ **解説** explanation

 取引時確認済みの顧客であることの確認

たとえば、預金口座の開設は取引時確認が必要な取引ですが、当該顧客が他店で取引時確認済みであることが確認できた場合は、取引時確認を改めて行う必要はありません。

 取引時確認済みの顧客であることの確認方法

取引時確認済みの顧客であることの確認方法については、犯罪収益移転防止法施行規則16条で次のように定められています。

① 預金通帳その他の顧客が確認記録に記録されている顧客等と同一であることを示す書類その他の物の提示または送付を受けること（同条1項1号）。

② 顧客しか知り得ない事項その他の顧客が確認記録に記録されている顧客と同一であることを示す事項の申告を受けること（同項2号）。

①は、預金通帳やキャッシュカードの提示を受ける方法などであり、②は、暗証番号等の申告を受ける方法などです。

なお、金融機関において、顧客または代表者等と面識があり、その他の顧客が取引時確認記録に記録されている顧客等と同一であることが明らかな場合は、当該顧客が取引時確認記録に記録されている顧客と同一であることを確認したものとすることができます（同条2項）。

ただし、当該顧客がなりすましている疑いがある場合や取引時確認事項を偽っている疑いがある場合は、改めて取引時確認を行うことが必要です（犯罪収益移転防止法施行令13条2項）。

Q 12 外国人と預金取引をする場合の取引時確認

外国人から普通預金の新規口座の開設を依頼されました。この場合、取引時確認はどのように行えばよいのでしょうか。

A answer 在留カード等を所持する外国人住民であれば、基本的には日本人と同じ取扱いで取引時確認等を行い、預金口座を開設することができます。

▶ 解説 explanation

住民基本台帳法上、外国人住民とは、①中長期在留者、②特別永住者、③一時庇護のための上陸の許可を受けた者または仮滞在の許可を受けた者、④出生または日本国籍の喪失による経過滞在者のいずれかで、住所を有する人のことです。

また、中長期滞在者には「在留カード」（注1）が交付され、特別永住者には「特別永住者証明書」（注2）が交付され、これらの者を含む外国人住民については、日本人と同様、住民票（注3）が作成されるので、外国人住民による口座開設に際しての取引時確認は、日本人と同様に行うことができます。

なお、たとえば、在留カードの有効期限が3か月以下となっている場合や、観光目的の短期滞在者からの口座開設申出については、不正目的のリスクもあるので、原則として応じない対応が望ましいと考えられます。

（注1）「在留カード」は、わが国に中長期間在留する外国人に対し、上陸許可

や、在留資格の変更許可、在留期間の更新許可等在留に係る許可に伴って交付されるものです。在留カードには、顔写真のほか氏名、国籍・地域、生年月日、性別、在留資格、在留期限、就労の可否などの情報が記載されます。

「在留カード」が交付される外国人とは、具体的には、次の①〜⑥のいずれにもあてはまらない人です。たとえば、観光目的で日本に短期間滞在する外国人は在留管理制度の対象外となります。

　①3か月以下の在留期間が決定された人、②短期滞在の在留資格が決定された人、③外交または公用の在留資格が決定された人、④特定活動の在留資格が決定された、台湾日本関係協会の本邦の事務所（台北駐日経済文化代表処等）もしくは駐日パレスチナ常駐総代表部の職員またはその家族、⑤特別永住者、⑥在留資格を有しない人

（注2）特別永住者証明書は、特別永住者の法的地位等を証明するものとして交付されるもので、氏名、生年月日、性別、国籍・地域、住居地、有効期間の満了日などの情報が記載されます。また、16歳以上の方には顔写真が表示されます。なお、特別永住者が所持する従来の外国人登録証明書は、一定の期間、みなし再入国許可による出国や市区町村で行う住居地届出手続等において、特別永住者証明書とみなされます。

（注3）外国人住民に係る住民票には、日本人と同様に、氏名、出生の年月日、男女の別、住所等の基本事項に加え、国民健康保険や国民年金等の被保険者に関する事項が記載されます。さらに、外国人住民特有の事項として、国籍等に加え、住民票作成対象者の区分（①中長期在留者（在留カード交付対象者）、②特別永住者、③一時庇護のための上陸の許可を受けた者または仮滞在の許可を受けた者、④出生または日本国籍の喪失による経過滞在者）に応じた事項が記載されます。

Q 13　会社と預金取引をする場合の取引時確認

株式会社Ａ社の営業所名義での普通預金口座の開設申出がありました。この場合、取引時確認はどのようにすればよいのでしょうか。

A answer

当該会社の商業登記に係る登記事項証明書のほか、営業所名、住所、所長名を記載した代理人届を徴求して営業所の存在を確認します。また、特定取引（普通預金口座の開設）を行う会社の代表者等（代表者または取引担当者）についても取引時確認が必要です。

▶ **解説** explanation

　法人（会社）との間で特定取引（預貯金等の取引）を行う場合、本人特定事項（法人の名称および本店または主たる事務所の所在地）のほか、顧客管理事項（取引目的、事業内容、法人の実質的支配者の本人特定事項）の確認が義務づけられています（犯罪収益移転防止法４条１項）。また、法人のために特定取引の任にあたっている代表者等（代表者または取引担当者）についても、その本人特定事項の確認を行わなければなりません。

❶ 法人の本人特定事項等の確認

　本人特定事項の確認は、通常、６か月以内に作成された法人登記に係る登記事項証明書によって行い（犯罪収益移転防止法施行規則６条１項３号イ・７条２号）、これによって法人の実在性の確認と同時にその法人の法人格もチェックします。株式会社の場合は、商業登記に係る「登記事項証明

書」によります。

　また、質問の場合は営業所との取引ですから、当該会社の商業登記に係る登記事項証明書のほか、営業所名、住所、所長名を記載した代理人届を徴求して営業所の存在を確認します。

❷ 代表者等の本人特定事項等の確認

　特定取引の任にあたっている代表者等（代表者または取引担当者）の本人特定事項の確認については、個人における取引確認と同様です（Q8参照）。

❸ 顧客管理事項の確認

⑴ 取引目的と事業内容の確認

　「取引目的の類型」は、「事業費決済」「貯蓄・資産運用」「融資」「外国為替取引」などです。

　「事業内容の類型」は、「農業・林業・漁業」「製造業」「建設業」「情報通信業」「運輸業」「卸売・小売業」「金融業・保険業」「不動産業」「サービス業」などです。

⑵ 実質的支配者の確認

　法人の実質的支配者（注）は、法人を隠れ蓑にしてマネー・ローンダリングを行うおそれがあることから、このような者の本人特定事項も確認することが求められています。この実質的支配者については、議決権その他の手段により当該法人を支配する自然人まで遡って確認しなければなりません（犯罪収益移転防止法施行規則11条2項）。

　この確認方法は、法人との通常の取引の場合と高リスク取引の場合とで異なっています。

　通常の取引の場合は、当該法人の代表者等から申告を受ける方法とされています。ただし、金融庁所管の金融機関等を対象とする「マネー・ローンダリング及びテロ資金供与対策に関するガイドライン」（以下「ガイドライン」という）では、「信頼に足る証跡を求めてこれを行うこと」が求めら

れています。

　高リスク取引の場合は、通常の場合に比べてより厳格な確認方法が求められています。当該法人の代表者等から申告を受ける方法に追加して、次の書類またはその写しを確認することが求められます。

　　①　資本多数決法人の場合

　株主名簿、有価証券報告書その他これらに類する当該法人の議決権の保有状況を示す書類

　　②　資本多数決法人以外の法人の場合

　登記事項証明書、官公庁から発行され、または発給された書類その他これに類するもので、当該法人を代表する権限を有している者を証するもの

（注）前述した法人の実質的支配者とは、次のような自然人をいいます。
　　①　株式会社等の資本多数決法人においては、議決権の総数の４分の１を超える議決権を有している自然人
　　②　①以外の資本多数決法人のうち、出資、融資、取引その他の関係を通じて当該法人の事業活動に支配的な影響力を有すると認められる自然人
　　③　資本多数決法人以外の法人のうち、㋑当該法人の事業から生じる収益もしくは当該事業に係る財産の総額の４分の１を超える収益の配当または財産の分配を受ける権利を有していると認められる自然人、または、㋺出資、融資取引その他の関係を通じて当該法人の事業活動に支配的な影響力を持つと認められる自然人
　　④　①から③までの自然人がいない法人については、当該法人を代表し、その業務を執行する自然人

④　特定取引の任にあたっていることの確認

　法人との特定取引は、代表者等（代表者または取引担当者）の自然人を通して行います。そこで、当該法人の代表者等の本人特定事項のほか、特定取引の任にあたっていること（代理権限等）について、次のようなことにより確認します。

　　①　代表者等が、法人が作成した委任状その他の取引の任にあたってい

ることを証明する書面を有している

② 電話等により取引の任にあたっていることが確認できる

③ 代表者等が当該法人の代表権を有する役員として登記されている

④ 代表者等と法人との関係を認識している（面識がある）など、取引
の任にあたっていることが明らかである

Q 14 過去に本人特定事項を偽っていた疑いがある者との取引

Aと名乗る者が来店し、預金口座開設の申出を受けましたが、過去に本人特定事項を偽っていた疑いのあることが判明しました。どのように対応すればよいでしょうか。

A answer 通常の特定取引と同様の確認事項に加え、その取引が200万円を超える財産の移転を伴うものである場合には、資産および収入の状況の確認を行うことが必要です。

また、マネー・ローンダリングに利用されるおそれの特に高い取引であることを踏まえ、本人特定事項については、通常の取引を行う場合よりも厳格な方法による確認が必要です。

▶ **解説** explanation

❶ 高リスク取引とは

質問の場合の取引は、犯罪収益移転防止法においては、高リスク取引に該当します。この高リスク取引とは、取引の相手方が取引の名義人になりすましている疑いがある特定取引または本人特定事項を偽っていた疑いがある顧客との特定取引をいい、具体的には次のようなものです。

① 取引の相手方が、取引のもととなる継続的な契約の締結（たとえば、

預金契約の締結）に際して行われた取引時確認に係る顧客またはその代表者等になりすましている疑いがある特定取引

②　取引のもととなる継続的な契約の締結に際して取引時確認が行われた際に取引時確認に係る事項を偽っていた疑いがある顧客またはその代表者等との特定取引

③　マネー・ローンダリング対策が不十分であると認められる特定国等（イランおよび北朝鮮）に居住し、または所在する顧客との特定取引

④　外国PEPs（外国政府の要人、その家族等）との特定取引

❷　高リスク取引における確認事項

　これらの高リスク取引に際しては、過去に行った確認方法と異なる方法で本人特定事項の確認を要するほか、その取引が200万円を超える財産の移転を伴うものである場合には、「資産および収入の状況」の確認を行うことになります。

　資産および収入の状況の確認方法は、顧客の書類を確認する方法とされていますが、顧客が当該取引を行うに相応な資産・収入を有しているかという観点から確認を行うこととなります。

　自然人の場合は、源泉徴収票、確定申告書、預金通帳、その他資産および収入の状況を示す書類であり、法人の場合は、損益計算書、貸借対照表、その他資産および収入の状況を示す書類です。

　また、マネー・ローンダリングに利用されるおそれの特に高い取引であることを踏まえ、本人特定事項および法人の場合の実質的支配者については、通常の取引を行う場合よりも厳格な方法により確認を行うこととされています。

Q 15 **非対面取引またはオンラインで完結する本人特定事項の確認方法**

個人顧客との非対面取引またはオンラインで完結する方法による本人特定事項の確認方法、または法人顧客との非対面取引における本人特定事項の確認方法はどのようになっていますか。

A answer 個人顧客との非対面取引等による本人特定事項の確認方法や、法人顧客との非対面取引による本人特定事項の確認方法の概要は、解説記載のとおりです。

▶ **解説** e x p l a n a t i o n

 個人顧客との非対面取引における本人特定事項の確認方法

　個人顧客との非対面取引における本人特定事項の確認方法は、次のようなものがあります。

　① 顧客から、所定の本人確認書類またはその写し等の送付・送信を受けるとともに、本人確認書類等に記載されている顧客等の住居に宛てて取引に関する文書を書留郵便等により、転送不要郵便物等として送付する方法

　なお、次のイ～ホのいずれかを実施したうえで、取引関係文書を転送不要郵便物等で送付する必要があります。

　イ　本人確認書類の原本（住民票写し、印鑑証明書等）の送付を受ける

　ロ　ICチップ付本人確認書類から読み取ったICチップ情報の送信を受ける

　ハ　１枚に限り発行される本人確認書類の画像情報（特定事業者の提供するソフトウエアを使用し厚み等を確認できるもの）の送信を受ける

　ニ　本人確認書類（現在の住居の記載のあるもの）の写し２種類の送付を受ける

　ホ　本人確認書類の写しと補完書類（本人確認書類に現在の住居記載がない場合は２種類の補完書類が必要）の原本または写しの送付を受ける

②　本人限定受取郵便（注）により、顧客に対して、取引関係文書を送付する方法

③　電子署名法に基づく電子証明書または公的個人認証法に基づく電子証明書、および電子証明書により確認される電子署名が行われた特定取引等に関する情報の送信を受ける方法

（注）特定事業者に代わって住居を確認し、顔写真付きの本人確認書類の提示を受けるとともに、本人特定事項の確認を行った者の氏名などの当該者を特定するに足りる事項、本人確認書類の提示を受けた日付および時刻、本人確認書類の名称、記号番号その他の当該本人確認書類を特定するに足りる事項を特定事業者に伝達する措置がとられているものに限られます。

❷ オンラインで完結する個人顧客の本人特定事項の確認方法

　非対面取引における取引時確認について、オンラインで完結する個人の本人確認方法が定められています。その方法は以下のとおりですが、画像の撮影および送信は、特定事業者が提供するソフトウエアを使用することとされています。

①　顧客から写真付本人確認書類の画像と本人の容貌の画像の送信を受ける方法（インターネット上のビデオ通話機能を利用した方法も可）

（犯罪収益移転防止法施行規則6条1項1号ホ）

② 顧客から写真付き本人確認書類のICチップ情報と本人の容貌の画像の送信を受ける方法（同号ヘ）

③ 顧客から1枚に限り発行される本人確認書類の画像またはICチップ情報の送信を受けるとともに、金融機関またはクレジットカード会社に当該顧客の本人特定事項を確認済みであることを確認する方法（同号ト(1)）

④ 顧客から1枚に限り発行される本人確認書類の画像またはICチップ情報の送信を受けるとともに、当該顧客の預金口座（銀行等において本人特定事項を確認済みであるもの）に金銭を振り込み、当該顧客から当該振込を特定するために必要な事項が記載されたインターネットバンキング画面の画像等の送付を受ける方法（同号ト(2)）

❸ 法人顧客との非対面取引における本人特定事項の確認方法

法人顧客との非対面取引における本人特定事項の確認方法としては、次のようなものがあります。

① 法人の代表者等から所定の本人確認書類またはその写し等の送付を受けるとともに、本人確認書類に記載されている顧客等の本店、主たる事務所等に宛てて取引に関する文書を書留郵便等により、転送不要郵便物等として送付する方法

② 法人の代表者等から当該法人の名称、本店または主たる事務所等の所在地の申告を受け、一般財団法人民事法務協会の登記情報サービスを通じて登記情報の送信を受ける方法（代表権を有する役員として登記されていない者と非対面取引を行う場合は、当該法人の本店、主たる事務所等に宛てて取引に関する文書を書留郵便等により、転送不要郵便物等として送付する必要がある）

③ 法人の代表者等から当該法人の名称、本店または主たる事務所等の所在地の申告を受け、国税庁の法人番号公表サイトで公表されている

当該法人の名称、本店または主たる事務所の所在地を確認し、当該法人の本店、主たる事務所等に宛てて取引に関する文書を書留郵便等により、転送不要郵便物等として送付する方法

④　法人の代表者等から、商業登記法に基づき作成された電子証明書、および電子証明書により確認される電子署名が行われた特定取引等に関する情報の送信を受ける方法

Q 16 成年後見人等による口座開設

預金取引先Aの成年後見人Bと称する者が来店し、
「Aの預金については私（B）が代理人として行うこと
になった。どのような手続をすればよいか」と聞かれ
ました。どのような点に注意すべきですか。また、B
が保佐人や補助人の場合はどうでしょうか。

A answer

登記事項証明書等により審判の内容を確認・検証する
とともに、Bについて本人特定事項の確認を行ったう
えで、Aの預金取引に際してBが使用する印鑑届等の
提出を受けます。なお、キャッシュカードが発行され
ている場合は、後見・保佐の場合は使用禁止登録のう
え回収しますが、補助の場合は通常はAの意思に従う
ことになります。

▶ **解説** explanation

❶ 登記事項証明書等の徴求と個人情報保護法上の留意点

　このような場合は、まず、成年後見制度に関する届出書の提出を受け、
あわせて登記事項証明書等の提出を受けて、届出書の内容を確認・検証し
ます。

　なお、成年後見等に関する審判確定後、後見登記等ファイルにその旨が
登記され、登記事項証明書が発行できるようになるまで10日前後を要しま

す。そのため、登記事項証明書が発行されるまでは、成年後見に関する審判書抄本と確定証明書の提出を受け、その内容を確認することになります。この場合は、後日に登記事項証明書を受け入れて再確認しておくべきです。

　これに対して、登記事項証明書の提出を受けることができる場合に、審判書抄本等の提出を重ねて要請しないようにします。登記事項証明書の情報が最新の情報（住所等）なので、審判時の古い情報を入手する必要はないためです。

❷　成年後見人Ｂの本人特定事項の確認

　登記事項証明書や審判書抄本は公的証明書であり、質問の場合、成年後見人Ｂの実在性の確認はできますが、この証明書の持参人が必ずしもＢであるとは限りません。そこで、持参人がＢに相違ないか、つまりＢになりすましていないかどうかの確認が別途必要です。

❸　預金取引の使用印鑑届出等とキャッシュカードの使用禁止登録

　成年被後見人と単独で行った預金取引等は、成年後見人によって取消権を行使されるリスクがあります。したがって、成年被後見人との取引は、預金、融資、保証その他すべての取引について、成年後見人を代理人として行う必要があります。少額の預金取引等、日常生活に関する行為に該当する場合は取消しの対象にはなりませんが、原則として、すべての取引は、Ａの代理人としてＢと行わなければなりません。

　そこで、ＢがＡの法定代理人として、Ａの預金取引に使用する印鑑届を受け入れ、発行する預金通帳の預金名義人の表示も、預金者本人Ａとその代理人Ｂの併記が望ましいものと裁判所で推奨されています。ただし、Ｂは、法律上はＡの代理人ですから、名義人をＡのままとしても法的に何ら支障はありません。あとは、取扱金融機関の内部事務管理上の問題があるかどうかであり、できる限り利用者のニーズやその立場に立った対応を行うべきでしょう。

なお、Aが単独で行う法律行為はBによる取消権行使の対象となるため、Aにキャッシュカードを発行済みの場合は、カードの使用禁止登録を施して回収すべきです。

❹ Bが保佐人の場合

(1) 保佐人の同意権・代理権の付与

Aについて、家庭裁判所の保佐開始の審判がなされ保佐人が選任されると、Aの重要な財産権に関する法律行為（民法13条1項に列挙）は保佐人の同意が不可欠となり、金融機関取引のほとんどの部分が保佐人による同意権、取消権の対象となります。

また、家庭裁判所は特に必要と認められる事項について、本人等の申立により保佐人に代理権を与える旨の審判をすることができるので（同法876条の4第1項）、この代理権付与の有無やその内容については、保佐人に代理権を付与する審判書（保佐開始の審判申立とともに付与される場合は保佐開始審判書）に添付された代理行為目録に表示され、後見登記等ファイルに登記されます。

(2) 登記事項証明書等の徴求と本人特定事項の確認手続上の留意点

代理権を付与された保佐人BとAの預金取引を行うには、「成年後見制度に関する届出書」の届出を受け、あわせて登記事項証明書（代理権が付与されている場合は代理行為目録が添付される）の提出を受け、届出内容の確認、検証を行います。保佐人Bと取引がなく、面識がない場合の本人特定事項の確認手続上の留意点も成年後見の場合と同様です。

なお、AがBの同意を得ないで行う預金の払戻行為はAまたはBによる取消権行使の対象となるため、Aにキャッシュカードを発行済みの場合は、カードの使用禁止登録を施して回収すべきです。

❺ Bが補助人の場合

(1) 補助人に対する同意権・代理権の付与

補助人の同意を要する行為や代理権の範囲については、家庭裁判所の審

判によって決定されますが、その範囲は、民法13条１項の列挙項目（重要な財産権に関する法律行為）のうちの特定の項目に限定されます（同法17条１項）。同意権・代理権の内容は、補助開始の審判書に同意行為目録や代理行為目録として添付され、後見登記等ファイルに登記されるので、登記事項証明書に添付される代理行為目録等により確認します。

(2)　**登記事項証明書等の徴求と本人特定事項の確認手続上の留意点**

　代理権が付与された補助人との取引にあたっての登記事項証明書等の徴求、本人特定事項の確認手続上の留意点は、保佐の場合と同様です。なお、Aに対して発行済みのキャッシュカードがある場合、預金の入出金等（元本を領収し、または利用すること。民法13条１項１号）が補助人の同意を要する行為となっていないことが多いので、そのことを確認のうえ、Aの意向に従って処理します。

Q17 反社会的勢力による口座開設

不動産会社Ａ社から、預金口座の開設依頼がありました。反社会的勢力ではないかを調査したところ、同社の代表者が暴力団関係者であることが判明しました。どのように対応すればよいでしょうか。

A answer

Ａ社の代表者が暴力団関係者であるということですから、Ａ社は反社会的勢力ということになります。反社会的勢力である以上、口座開設に応じることはできません。

▶ 解説 explanation

❶ 口座開設に関する社会的責任と留意点

金融機関は、金融の中核として高い公共性と社会的責任を負っており（銀行法１条１項）、金融機関が単に自金融機関の利益にのみに執着し、顧客に不合理な要求をしたり、顧客サービスについても不公平な扱いをすることは許されません。

特に、取引額が少額であることを理由に取引を拒絶したり、個人的に親しい顧客にのみ過剰・過当なサービスを提供することも慎むべきです。

❷ 口座開設を拒絶できる場合と留意点

金融機関は、外部からの業務妨害や反社会的勢力等に対しては、毅然とした対応をとることが求められます。したがって、

① 取引時確認に協力しない場合（本人確認書類の提示拒否など）

② ささいなミスを原因として不当な要求をする場合（融資の強制など）

③ 業務防害を目的とする取引の場合（1円預金など）

④ 反社会的勢力であることが判明した場合

などにおいては取引拒絶が可能と考えられます。

　なお、A社が反社会的勢力ではないことを確認のうえ取引を開始した場合は、その取引後の管理を徹底し、もし、不法・違法なことが行われた場合や反社会的勢力であることが判明した場合は、取引の改善・拒絶を主張することが大切です。

　また、近時、預金口座が振り込め詐欺やヤミ金融等に不正利用されて社会問題化していますが、そのような反社会的ないし公序良俗に反する行為が判明した場合は、毅然たる姿勢（取引の停止や強制解約など）で臨まなければなりません。

Q 18 　保険会社代理店名義の普通預金の帰属

取引先Aは、「B火災海上保険（株）代理店A」名義の普通預金口座を開設していましたが、不渡事故により事実上倒産しました。ところが、B社の職員が同普通預金通帳と届出印章を持参して来店し、「代理店A名義の預金口座は、AがもっぱらB社の代理人として収受した保険料を預入し管理していたものであり、同預金はB社に帰属する」として、全額の払戻しを請求してきました。どのように対応すべきでしょうか。

A answer

質問のような普通預金口座の場合、判例は、代理店が真の預金者であることを明確にしています（最判平成15・2・21民集57巻2号95頁）。したがって、B社から当該預金を支払うよう要求されたとしても、応じることはできません。

▶ **解説** explanation

 定期預金における預金者の認定

　定期預金の預金者の認定について学説は、客観説（自己の預金とする意思で、自ら出捐した者が預金者であるとする見解）、主観説（当該預入行為者が真の預金者とみる見解）がありますが、判例は、客観説に立つことを明確にしています（最判昭和52・8・9民集31巻4号742頁）。

❷　普通預金の預金者の認定

⑴　普通預金の性質と預金者の認定の考え方

　普通預金の場合は、いったん口座を開設すると、その後はいつでも自由に入出金ができるものであり、口座へ入金されるたびに発生する預金債権は、入金のつど既存の預金債権と合算されて１個の預金債権として扱われます。普通預金のこのような性質から、特定の時点における預金債権の出捐関係を確定することは困難を伴う場合があります。

　そこで、出捐者と預入行為者、預金名義人との間の内部的な事実に重きを置くのではなく、誰が預金者として行動し、誰を預金者として表示したか、金融機関が誰を預金者として認識したかを基準に預金者を決めることがより合理的であり、主観説を原則とすべき、という学説があります（升田純「預金の帰属をめぐる裁判例の変遷」金融法務事情1555号21頁）。

⑵　損害保険代理店名義普通預金の場合

　質問のような事案において、前掲最高裁平成15年２月21日判決は、①預金口座を開設したのは代理店であること、②預金口座の名義である損害保険代理店は預金者として損害保険会社を示しているとは認められないこと、③損害保険会社が代理店に普通預金契約締結の代理権を授与していないこと、④預金口座の通帳および届出印は代理店が保管し入出金事務を行っていたのは代理店のみであることなどをあげて、本件普通預金の預金者は代理店であるとしました。

　したがって、質問の場合は、代理店Ａ名義の預金口座がある場合に、Ｂ社から当該預金を直接Ｂ社に支払うよう要求されたとしても、これに応じることはできません。

Q 19 マンションの管理費として管理組合から委託を受けた管理会社名義の定期預金の帰属

マンションの管理費として、管理組合から委託を受けた管理会社Ａ社名義の定期預金について、Ａ社の破産管財人Ｂから払戻請求がなされました。ところが、マンション管理組合の理事長から、「当該定期預金は管理組合のものであるので、払戻しには応じないでほしい」との要請がありました。どのように対応すればよいでしょうか。

A answer

マンション管理費の受入口座（管理会社名義）から管理に要する諸費用と同会社が受領すべき管理報酬を支出し、管理費の残余金（剰余金）や修繕積立金が一定額に達した時に、これを定期預金にしていたなどの経緯がある場合に、預金者は管理組合であるとした判例があります。したがって、破産管財人Ｂの申出は謝絶することとし、債権者不確知による弁済供託も検討すべきでしょう。

▶ **解説** explanation

 マンション管理会社名義の定期預金の帰属

　マンション管理費を原資とする管理会社名義の定期預金について、管理会社に帰属するのか管理組合に帰属するのかが争われた事案について、東

京高裁平成11年8月31日判決は、本件定期預金の出捐者は、マンションの区分所有者全員であって、マンションの区分所有者の団体である管理組合が預金者で、本件各定期預金は、区分所有者全員に総有的ないし合有的に帰属し、マンション管理会社（破産会社）は、その使者として本件各定期預金をしたものと認められるとしています（金融・商事判例1075号3頁）。

❷ マンション管理組合が預金者である理由

　マンション管理組合が預金者である理由として、マンションの区分所有者が管理費等を振り込んできた普通預金口座（マンション管理会社名義）には、他のマンションの管理費等や破産会社（マンション管理会社）固有の資金等は一切入金されなかったこと、普通預金が一定の額になったときにされた本件各定期預金は、管理費の剰余金や修繕積立金等を原資とし、マンションごとに別個の預金として開設されたものであること、定期預金のなかには、書替前の預入時等に作成された書類の預金者の名義の欄にマンション名が付記されていたものがあることなどをあげています。

　したがって、質問の場合は、破産管財人Bの申出は謝絶することとし、債権者不確知による弁済供託（民法494条2項）も検討すべきでしょう（Q56❷参照）。

Q 20 依頼者からの預かり金を原資とする預金の帰属（弁護士か依頼者か）

A社の債務整理の委任を受けた弁護士Bが、委任事務処理を遂行するために、B名義の普通預金口座を開設し、A社から預かった500万円を入金しました。
ところが、A社の滞納税徴収のためC（国）が当該B名義預金を滞納者A社の財産として差し押えました。
この差押えに対して、弁護士Bは、「本件預金債権はA社ではなく、Bに帰属するものである」と主張しています。
金融機関はどのように対応すべきでしょうか。

A answer

金融機関との間で本件口座に係る預金契約を締結したのはBであり、本件口座に係る預金債権は、その後に入金されたものを含めてBの預金と解されます。したがって、金融機関は、Cへの支払には応じることはできません。

▶ 解説 explanation

❶ 受任者（弁護士）自身の名義で開設した普通預金口座に係る預金債権の帰属

質問のような事案において、判例は、①債務整理事務の費用に充てるために交付を受けた前払費用（500万円）は、交付の時に委任者の支配を離

れ、受任者がその責任と判断に基づいて支配管理し、委任契約の趣旨に従って用いるものとして受任者に帰属する、②本件において上記500万円は、受任者が委任者から交付を受けた時点において受任者に帰属するものとなったのであり、本件口座は、受任者が取得した財産を委任の趣旨に従い自己の他の財産と区別して管理する方途として開設したものである、③本件口座は、受任者が自己に帰属する財産をもって自己の名義で開設し、その後も自ら管理していたものであるから、金融機関との間で本件口座に係る預金契約を締結したのは受任者であるとしています（最判平成15・6・12民集57巻6号563頁）。

　したがって、質問の場合は、弁護士Bが、A社から債務整理の委任を受け、その委任事務処理遂行のために預かった500万円は、BがA社から交付を受けた時点でBに帰属することになります。そして、このBに帰属した500万円を委任の趣旨に従い管理するためにB名義の普通預金を開設し、これに入金したのですから、当該口座に係る預金債権は、その後に入金されたものを含めてBの預金債権になるものと解されます。

❷　弁護士名義預金が差し押えられた場合の対応

　前記判例の考え方によれば、B名義預金に対して、A社の預金として差押えを受けたとしても、支払の差止めや差押債権者への支払はすべきではありません。

　なお、B個人の預金として差押えを受けた場合、本件預かり金口座も差押えの効力が及ぶかどうかが問題となります。第三債務者である金融機関としては、B名義の口座である以上、Bの預金として差押えの効力が及んでいることを前提に対応するほかないと考えられます。

Q 21　誤振込による預金の帰属

預金者Aの普通預金口座に振込があり、同口座に入金されました。ところが、仕向金融機関から組戻依頼があったので、受取人Aに同意を求めたものの受け取る正当な理由があるとのことです。当該振込が誤振込であっても、Aの預金債権は成立するのでしょうか。

A answer

当該振込が誤振込であったとしても、受取人の預金債権は成立しますので、被仕向金融機関としては、Aの同意が得られない限り組戻しに応じることはできません。

▶ **解説** explanation

❶ 振込依頼人による誤振込と受取人の預金債権の成立

　振込依頼人の誤振込によって受取人Aの預金債権が成立するのか否かについて、判例は、振込依頼人と受取人の間に振込の原因関係が存するか否かにかかわらず、振込手続が完了した時点（被仕向金融機関の受取人名義の勘定元帳に入金記帳された時点）で、受取人の預金が有効に成立するものとしています（最判平成 8 ・ 4 ・26民集50巻 5 号1267頁）。

❷ 誤振込を知った受取人による預金の払戻しと詐欺罪の成立

　誤振込があることを知った受取人が、その情を秘して預金の払戻しを請求することは、詐欺罪の欺罔行為に当たり、また、誤振込の有無に関する錯誤は、同罪の錯誤に当たるため、錯誤に陥った窓口係員から受取人が預金の払戻しを受けた場合には、受取人に詐欺罪が成立する可能性があります（最決平成15・3・12金融法務事情1697号49頁）。

❸ 誤振込と受取人に対する不当利得返還請求

　誤振込によって受取人に預金債権が成立したとしても、振込依頼人と受取人との間には振込の原因となる法律関係を欠くため、受取人には不当利得が生じます。したがって、誤振込が事実であれば、振込依頼人は受取人に対して不当利得の返還請求をすることができます。

第2章

CHAPTER 1

預金の払戻し、解約

預金の払戻し

Q 22 **本人以外の者への預金の払戻し**

A名義の預金について、Bと名乗る者がその通帳と届出印を持参して来店し、払戻しを請求しました。これに応じてもよいのでしょうか。

A answer 正規の通帳と届出印による払戻しであることが確認でき、かつ払戻金額が多額ではなく、払戻請求者に何ら不審な様子がなければ、払戻しに応じても差支えないと思われます。

▶ **解説** explanation

 本人以外の者への預金の払戻しと留意点

金融機関の実務上、普通預金通帳と届出印を預金者本人の配偶者等の家族等が持参して払戻請求されることは、よくあることです。この場合、実務上は、通帳が正規のものであり、払戻請求者に不審な様子（たとえば、帽子を目深にかぶり防犯カメラを意識しているなど）もなく、払戻請求書に押捺された印影が届出印の印影と相違なければ、特に本人の意思確認を行うことなく払戻しに応じています。

ただし、払戻金額が一定の金額を超える場合や、過去の払戻方法と異なる方法での払戻し（たとえば、取扱店以外の店舗でのほぼ全額に近い払戻し）の場合などにおいては、本人の意思確認を行うなどの慎重な対応を行う必要があります。

なお、判例は、債権者の代理人と称して債権を行使する者についても、民法478条（受領権者としての外観を有する者に対する弁済）の規定が適用されるとしています（最判昭和37・8・21民集16巻9号1809頁参照）。したがって、預金通帳と届出印を持参した預金者以外の者が、実は受領権者でない者（通帳・届出印の窃取者等の無権利者）であることを金融機関が知らず（善意）、かつ、知らないことに過失がなければ、当該受領権者でない者に対する金融機関の預金支払は、有効とされます（つまり、金融機関は免責される）。

❷ 盗難預金通帳・印鑑による払戻しと金融機関の過失の有無

(1) 金融機関の無過失を認めた事例

女性名義の普通預金通帳と印鑑を男性が持参して払戻請求され、これに応じた金融機関に過失があったとはいえないとされた判例があります。最高裁昭和42年4月15日判決は、女性名義の預金の払戻しを男性が請求することはしばしばあり、また、請求書に押された印影が届出印と相違するため、再三、印を押し直させることも稀ではない。このような事例のもとで、係員が、預金通帳および印章の窃取された事実を知らず、かつ請求者の権限について疑念を抱かずこの点を確かめることなしに、預金の払戻しをした場合、金融機関に過失があったものとは認められないとしています（金融・商事判例62号2頁）。

(2) 定期預金の期限前解約・払戻しにつき過失があるが、普通預金払戻しにつき無過失とされた事例

一般に、定期預金の期限前解約・払戻しについては、定期預金の満期払戻しや普通預金の払戻しに比して、金融機関の注意義務は加重されるとされています。

そして、定期預金の期限前解約のための払戻請求書の住所の記載に誤記があることを見落とし、かつ払戻請求者に対し解約理由をたずねなかったことは、解約・払戻しの際の注意義務を怠った過失があるとされた裁判例

があります（東京高判平成16・1・28金融・商事判例1193号13頁）。

　一方で、この裁判例においては、普通預金の払戻しについては、一般に
払戻請求書に住所の記載を求めておらず、金融機関に住所の同一性を確認
すべき義務はないから、払戻請求書の住所の記載に誤記があることを見落
としたとしても過失があるとはいえないとしています。

(3)　払戻請求書の誤記等を看過した過失があるとされた事例

　盗取された預金通帳と偽造印鑑を使用した預金の払戻しについて、金融
機関に過失があるとされた以下の裁判例があります。

　①払戻請求書の名前に誤記があり、これを看過した過失があるとされた
裁判例（東京地判平成15・1・15金融・商事判例1163号8頁）、②払戻請求
書の氏名や電話番号に誤記があることを看過したため過失があるとされた
裁判例（東京地判平成14・4・25金融・商事判例1163号8頁）、③払戻請求
書に押捺された印影と届出印の印影とは外枠の長さが相違していること、
払戻請求者が帽子を目深くかぶるなど、不審な行動をしていたことなどか
ら、金融機関の過失を認め、金融機関の免責が否定された裁判例（名古屋
高判平成15・1・21金融・商事判例1163号8頁）などがあります。

Q23 便宜払による払戻し

預金者Aから、「預金通帳が見当たらないが、緊急に資金が必要になったので、通帳なしでの払戻しに応じてほしい」旨の申出がありました。どのように対応すればよいでしょうか。

A answer

預金者Aと名乗る人物が、Aであることに間違いなく、当該取扱いが一時的なもので緊急性があれば、やむを得ないかを確認したうえで対応します。

▶ **解説** explanation

❶ 便宜払とは

預金の便宜払とは、普通預金規定のほか各種預金規定に定めがない、またはその他の特約（口座振替契約等）がないにもかかわらず、金融機関の責任で顧客の便宜を図るため、通帳等の提出を受けずに、預金払戻請求書等の提出を受けて、当該預金の支払に応じることをいいます。

預金通帳と届出印による払戻しなど、預金規定等に定められた方法による払戻しであれば、免責約款や民法478条（受領権者としての外観を有する者に対する弁済）が適用され、金融機関が善意・無過失であれば当該規定等により免責されるのに対し、便宜払の場合は、これらの規定は適用されません。したがって、便宜払の場合は、その依頼者が、預金者本人であると確認できる場合に限ることとし、預金者本人であることが確実でなければ対応すべきではありません。

❷ 便宜払の事務手続等

　便宜払は、一時的かつ異例な扱いによる預金の払戻手続であり、取扱上の不備が早期に修復できる見込みがない場合は、対応すべきではありません。

(1) 慎重かつ限定的な取扱い

　預金の便宜払は、真にやむを得ない事情がある場合かを見極めて対応すべきです。また、依頼者が預金者本人であることが確実でなければ、対応すべきではありません。

(2) 一時的な取扱い

　真にやむを得ない事情がある場合とは、緊急に資金が必要になった場合等であり、かつ通帳等が不明であるものの早期に発見できる見込みがあるなど、一時的な扱いであり、当該便宜扱いが継続的に発生するものではないことが必要です。

(3) 便宜払における確認事項等

① 本人確認および依頼内容等の確認

　便宜払の対応については、預金者本人によるものであり、かつ真にやむを得ないものであるかなどの確認内容を上司に報告し、報告を受けた上司は、依頼者に面談するなどして、本人確認等に間違いがないかをチェックします。

② 便宜扱処理簿等への記録と管理

　便宜払は異例な扱いのため、そのてん末を記録し管理しなければなりません。そこで、便宜払を行った場合は、便宜扱い処理簿等にその旨および不備内容が整備される見込みの日（無通帳扱いの場合の通帳への記帳予定日等）を記録し、予定どおり不備が整備されたかを管理できるようにします。

Q 24　盗難カードによる預金払戻し

盗難カードにより預金者が被害を受けた場合、金融
機関が損害を補てんしなければならないのでしょうか。

A answer　盗難カードによる被害の補てんについて規定する「偽
造カード等及び盗難カード等を用いて行われる不正な
機械式預貯金払戻し等からの預貯金者の保護等に関す
る法律」（以下「偽造・盗難カード預金者保護法」とい
う）に従い、その被害を補てんしなければなりません。

▶ **解説** e x p l a n a t i o n

❶ 盗難カードの場合（被害額は原則として金融機関が負担）

⑴　**預金者が補償請求できる場合**

　盗難カードによる不正な払戻しについては民法478条が適用されるので、
金融機関が善意・無過失であれば当該払戻は有効となり、金融機関は免責
されます。

　ただし、預金者が、金融機関に対して、①預金者が盗難を認識した後、
速やかに通知したこと、②盗難の事情等について十分説明したこと、③捜
査機関に盗難届を提出したことなど、いずれにも該当し、かつ預金者に故
意・重過失がないときは、預金者は、金融機関が善意・無過失であっても
補てん対象額（基準日以後の払戻し等の金額）を請求できます（偽造・盗
難カード預金者保護法5条1項・2項・4項）。

⑵ 金融機関が補償責任の一部ないし全部を免れる場合

① 全部免れる場合

預金者の故意による場合のほか、金融機関が善意・無過失で、かつ、①預金者の重過失によるものである場合、または、②預金者の配偶者、2親等内の親族、同居の親族その他同居人または家事使用人によるものである場合、または、③預金者が重要な事項について偽りの説明を行った場合については、金融機関は補てん義務を免れます（偽造・盗難カード預金者保護法5条3項・5項）。

なお、①の預金者の重過失によるものである場合とは、預金者に対して、暗証番号の管理等（①他人に暗証番号を教えないこと、②暗証番号をキャッシュカードに記載しないこと、③他人に推察されやすい番号を暗証番号に使用しないことなど）について、ホームページやパンフレット等に掲載するほか、口頭での説明等により注意喚起していたのにもかかわらず、預金者がこれらの注意を怠っていたなど、預金者に重過失がある場合です。

② 一部免れる場合

金融機関が善意・無過失でかつ預金者の過失（重過失を除く）によることを証明した場合は、補てんすべき額は補てん対象額の4分の3となります（偽造・盗難カード預金者保護法5条2項・4項、東京地判平成22・12・28金融法務事情1924号113頁参照）。

⑶ 預金者の重大な過失または過失となりうる場合

① 預金者の重大な過失となりうる場合

預金者の重大な過失となりうる場合とは、「故意」と同視しうる程度に注意義務に著しく違反する場合であり、その事例は、典型的には次のとおりです。

- イ　預金者が他人に暗証番号を知らせた場合
- ロ　預金者が暗証番号をキャッシュカード上に書き記していた場合
- ハ　預金者が他人にキャッシュカードを渡した場合
- ニ　その他預金者にイ〜ハまでの場合と同程度の著しい注意義務違反があると認められる場合

（注）前記イおよびハについては、たとえば、病気の人が介護ヘルパー（介護ヘルパーは業務としてキャッシュカードを預かることはできないため、あくまで介護ヘルパーが個人的な立場で行った場合）等に対して暗証番号を知らせたうえでキャッシュカードを渡した場合など、やむを得ない事情がある場合はこの限りではありません。

②　預金者の過失となりうる場合

　預金者の過失となりうる場合の事例は、金融機関から生年月日等の類推されやすい暗証番号から別の番号に変更するよう個別的、具体的、複数回にわたる働きかけが行われたにもかかわらず、生年月日、自宅の住所・地番・電話番号、勤務先の電話番号、自動車などのナンバーを暗証番号にしていた場合であり、かつ、キャッシュカードをそれらの暗証番号を推測させる書類等（免許証、健康保険証、パスポートなど）とともに携行・保管していた場合や、暗証番号を容易に第三者が認知できるような形でメモなどに書き記し、かつ、キャッシュカードとともに携行・保管していた場合などです。

❷　盗難通帳等による預金等の不正払戻しへの対応

　全国銀行協会や信用金庫協会等の業界団体は、個人の盗難通帳やインターネット・バンキング等による被害については、たとえば、金融機関に過失がない場合でも、預金者自身の責任によらない被害については補償を行うなど、偽造・盗難カード預金者保護法の盗難カードによる被害の補てんについての定めと同様のルールによって、各金融機関が自主的に負担することにしています。

偽造カードによる預金払戻し

偽造カードによる預金の払戻しであることが判明した
場合、金融機関の責任はどうなるのでしょうか。

A answer 預金者の故意または重大な過失がある場合でなければ、
金融機関は、その被害額を補償しなければなりません。

▶ **解説** explanation

　偽造カードによる払戻し等については、受領権者としての外観を有する
者に対する弁済の規定（民法478条）は適用されず、無効となります（偽
造・盗難カード預金者保護法3条）。

　偽造カードによる払戻し等によって預金残高が減少しても当該払戻し等
が無効となり、預金の払戻しはなかったことになるので、預金残高は元に
戻り、預金者の被害はなかったことになります。これにより、金融機関は、
払戻金額相当額の被害を受けることになります。

　ただし、預金者の故意による場合、または金融機関が善意・無過失でか
つ預金者に重過失ある場合は、金融機関は補償責任を免れます（同法4条）。

　預金者の故意とは、当該不正払戻しに預金者が関与した場合など、預金
者が当該払戻しを認容した場合です。また、重大な過失とは、著しい義務
違反を意味しますが、たとえば、他人に暗証番号を知らせた場合や、カー
ド上に暗証番号を書き記していた場合など、カードや暗証番号の管理が著
しくずさんな場合です。

Q 26 偽造印鑑による預金の払戻し

預金者Aの預金通帳を所持する者から、当該預金についての払戻しおよび他金融機関のA名義口座への振込送金を求められ、届出印の印影と払戻請求書に押捺された印影とを照合して当該取引に応じました。ところが、後日、Aから通帳等の盗難届が出され、払戻請求書に押捺された印鑑は偽造印鑑であることが判明しました。金融機関は過失責任を問われるでしょうか。なお、振込送金をした他金融機関のA名義口座は、実は当該人物があらかじめ開設していたものでした。

A answer

印鑑照合事務に習熟した係員が、平面照合において相当の注意をもって照合すれば発見し得た相違点を看過していた場合は、金融機関に過失があり、当該払戻しは免責約款あるいは民法478条の規定の適用はありません。

▶ 解説 explanation

❶ 預金払戻しの際の印鑑照合における注意義務

預金の払戻請求を受けた金融機関の係員は、預金取引の届出印の印影と払戻請求書に押捺された印影とを照合するにあたっては、払戻請求者が正当な受領権限を有しないことを疑わせる特段の事情のない限り、折り重ねによる照合や拡大鏡等による照合をするまでの義務はなく、肉眼による平

面照合の方法によって両印影を比較照合すれば足りると解されています（最判昭和46・6・10民集25巻4号492頁）。

　なお、払戻請求者が正当な受領権限を有しないことを疑わせる特段の事情としては、①払戻請求者の氏名・住所・電話番号等に誤記があった場合、②払戻請求者が、帽子を目深にかぶり、顔が防犯カメラに映らないような姿勢を続けていた場合などがあげられます。

❷ 平面照合に際しての注意義務の程度

　平面照合を行う場合には、印影照合事務の担当者に一般に期待される業務上相当の注意をもって照合を行うことを要しますが、具体的には、両印影の大きさ、形、文字の配列や全体的な印象にとどまらず、各文字について慎重に比較照合を行うことが求められます（最判平成10・3・27金融・商事判例1049号12頁）。

　そして、相違点が発見された場合は、重ね合わせ照合や別の担当者による再度の照合、あるいは、払戻請求者に再度の押捺を求めたうえでの照合など、いっそう慎重な照合を行うことが必要です。このような作業により、両印影の相違点が押捺時の条件の違いや印章の使い込みによる変形に基づくものではなく、印章の違いによって生じたものであることを確認することができます。

❸ 平面照合に際して相違点を発見できなかった場合

　以上のように、印鑑照合事務に習熟している担当者が相当の注意を払って照合するならば肉眼によって発見しうるにもかかわらず、そのような印影の相違を看過して払戻請求に応じたときは、金融機関に過失があり、免責約款あるいは民法478条（受領権者としての外観を有する者に対する弁済）の規定は適用されず、当該払戻しは弁済の効力を有しません。したがって、金融機関は真の預金者からの預金払戻請求に応じざるを得ません。

Q 27 預金口座の不正利用

預金口座が、不正目的で利用されているおそれがあるような場合、金融機関が一方的に取引停止や強制解約することができるでしょうか。

A answer

警察はもちろんのこと、被害者その他の者からの依頼や書面によらない情報提供がある場合においても、犯罪利用預金口座である疑いがあると認めるときは、取引停止等の措置を迅速に適切に講じることが求められています。

▶ **解説** explanation

❶ 預金規定による取引停止または強制解約

　普通預金規定等には、預金口座が振り込め詐欺や、ヤミ金融の受入口座等の不正利用目的に利用されることを防ぐため、次のような場合には、金融機関が一方的に取引停止や強制解約することができる旨が規定されています。

① 預金口座名義人不存在または口座名義人の意思によらない開設
② 譲渡、質入禁止に違反した場合
③ 口座が法令や公序良俗に反する行為に利用されたり利用されるおそれがある場合

　その他、「一定期間預金者の利用がない場合」「残高が一定額を超えない場合」「法令に基づく場合」なども取引停止や強制解約が可能です（普通預

金規定ひな型10条2項・3項）。

　前記①〜③の具体例としては、「本人確認書類の偽造による口座開設」「他人の住民票等による当該他人になりすました口座開設」「本人が民事、刑事事件で起訴され容疑が確定された場合」「預金口座の売買」「ヤミ金融口座」「振り込め詐欺口座」などであることが判明した場合や、そのおそれがある場合などがあります。

　また、強制解約を通知により行う場合は、解約通知が到達するか否かにかかわらず、届出の氏名、住所に宛てて解約通知を発信した時に、解約の効力が生じるとしています（普通預金規定ひな型10条2項）。

❷ 振り込め詐欺救済法による預金取引停止等の措置

　「犯罪利用預金口座等に係る資金による被害回復分配金の支払等に関する法律」3条1項は、被害者救済の実効性を確保するため、口座を迅速・積極的に凍結する必要があり、金融機関は、被害者や警察からの要請などを受けて、預金口座等が犯罪に利用されている「疑いがある」と認めるときは、当該預金口座等に係る取引停止等の措置を適切に講じなければならないとしています（東京地判平成20・11・12判例時報2040号51頁参照）。

❸ 金融機関による迅速で適切な措置

　このように、不正口座であることによる口座の取引停止・解約の措置は、単なる約款に基づく措置ではなく、法令によって求められる措置でもあります。この趣旨は、口座の不正利用等の防止や被害者の財産的被害の迅速な回復にあります。

　したがって、警察はもちろんのこと、被害者その他の者からの依頼や書面によらない情報提供がある場合においても、犯罪利用預金口座である疑いがあると認めるときは、取引停止等の措置を従来にも増して、より迅速に適切に講じることが求められています。

　また、金融機関は、預金口座について犯罪利用預金口座である疑いがあ

ると判断したときは、その判断が合理的である限り、当該口座に係る取引停止措置を講ずる法的義務を負い、当該口座の預金者からの払戻請求を拒絶することができます（東京地判令2・8・6金融法務事情2156号81頁）。

　なお、金融機関は、預金口座について犯罪利用預金口座の疑いがあるとして取引停止措置をとった後、預金者から預金払戻請求を受けた場合、払戻請求を拒絶するためには、その預金口座が「犯罪利用預金口座であると疑うに足りる相当な理由がある」ことを主張立証する責任があります（東京地判令和元・12・17金融・商事判例1588号26頁）。

Q 28 夫の入院費用を払い戻す場合

預金者の妻から、「夫の入院費用の支払のため必要である」として、夫の普通預金からの多額の払戻請求がされました。この場合の留意点は何でしょうか。

A answer

夫の判断能力に問題がない場合は、夫の払戻意思を確認します。判断能力に問題がある場合でも、夫の入院費の支払であることが確認できる場合は、人道的・社会的見地から払戻しに応じることを検討します。

▶ **解説** explanation

❶ 夫の意思能力の有無と意思確認

　夫の意思能力に問題がない場合は、夫の払戻意思を確認して払戻しに応じます。

　夫の意思能力に疑義があり、その意思確認ができない場合は、原則として払戻しに応じることはできませんが、夫の入院費であることが確認できるのであれば、人道的にも社会的にもこれを謝絶することは困難です。

　そこで、推定相続人全員の同意を得たうえで妻の代筆によって払戻しを行い、直接病院に振り込む方法での対応が考えられます。

❷ 夫が意思能力を喪失していた場合

　夫が意思能力を喪失していた場合は、今後の同様の取引を円滑に行うためには、夫のために後見開始の審判の申立をしてもらい、家庭裁判所で選

任される成年後見人と取引する方法が不可欠であることを説明し、当該法定後見制度の利用を依頼します。

❸　日常生活に関する行為と妻の代理権

　夫名義の預金の払戻しが、夫の日常生活に関する行為の範囲内であれば、妻は夫の代理人として払戻請求ができるものと解されています。

　その法的根拠は民法761条にあります。同条は、「日常家事債務について夫婦は連帯責任を負う」というものですが、日常家事に関する行為の範囲内であれば、夫婦相互に代理権が認められていると解されるためです。日常家事とは、食料や衣類の購入、家賃の支払、相当な範囲内での家族の保健・医療・教育・娯楽に関する契約を指すとされており、夫の入院費用の支払のために必要な多額でない預金の払戻行為も日常家事の範囲内と解されます。

Q 29 預金者が認知症になった場合の預金の払戻し

預金者Aが認知症を発症したことが判明しました。Aの預金の払戻しに際しての留意点は何でしょうか。

A answer 認知症が軽度であれば、Aの払戻しに応じることが可能と考えられます。しかし、中等度以上に進行している場合は、原則として成年後見制度の利用を促すべきです。

▶ **解説** explanation

❶ 認知症の進行度合いと意思能力の程度

認知症を発症した場合、意思能力は認知症の進行によって徐々に低下するものと考えられます。たとえば、認知症の進行度合いと成年後見制度の関係は、おおむね認知症が軽度の場合は補助、中等度の場合は保佐、重度の場合は後見となっているようです。補助開始の審判があると、補助人の同意を要する行為が決定されますが、預金の入出金行為については補助人の同意を要しない場合がほとんどです。

しかし、保佐開始の審判があると、民法13条によって預金の入出金行為についても保佐人の同意を要することになり、預金者が保佐人の同意を得ないで預金の払戻しを行った場合は、取り消されるおそれがあります。

❷ 認知症を発症した場合の預金の払戻し

　預金者Aの認知症が軽度の場合は、原則として健常者と同様の対応でA
の払戻請求に応じることで差支えないものと考えられます。ただし、認知
症が中等度以上に進行している場合は、預金の入出金取引であっても有効
に行う意思能力に欠ける場合がありえます。したがって、この場合は、原
則として払戻しに応じることはできないので、成年後見制度を利用しても
らうようにすべきです。なお、この場合でも、預金者Aの配偶者であれば、
Aの代理人として、日常家事に関する行為の範囲内での払戻しに応じるこ
とができます。

　また、認知症が軽度であれば、社会福祉協議会が取り扱っている日常生
活自立支援制度の日常的金銭管理サービスや通帳等預かりサービスの利用
が可能ですので、事案に応じてこれらの制度の利用を促すことも考えられ
ます。

Q 30 高齢の預金者に代わって家族が預金の払戻しをする場合

高齢の預金者Aの通帳と届出印を所持する家族Bから、預金の払戻請求がされたのでこれに応じました。ところが、後日、Aが脳梗塞で倒れ、意識不明の状態となっていたことが判明しました。当該預金払戻しの効力に問題はないでしょうか。

A answer

金融機関が、Aの能力喪失を知らず、かつ知らないことに過失がなければ、受領権者としての外観を有する者に対する弁済であるとして免責されるものと考えられます。

▶ **解説** explanation

　Aの能力喪失を知らずにBに払い戻した場合、金融機関がAの能力喪失を知らなかったことに過失がなければ、Bに対する払戻しにつき受領権者としての外観を有する者に対する弁済（民法478条）として免責されます。しかし、金融機関がAの能力喪失をすでに知っていた場合や、知らないことに過失がある場合は、弁済の効力は認められないおそれがあります。

　Aに代わってその家族Bが払戻しをする場合は、Bに対して、「Aさんはお元気ですか」などとAの健康状態を気にかける会話も大事です。このような会話によって、Aが意識不明の状態となっていることが判明することがあります。

31 ## 老人ホームの職員による入居者の預金の払戻し

老人ホームの職員Bが預金者Aの預金通帳と届出印を持参して「Aの預金を払い戻したい」と依頼されました。どのように対応すべきでしょうか。

A answer 原則として、Aの意思確認を行って払戻しに応じます。

▶ **解説** explanation

 Aの意思確認と委任状等の徴求

老人ホームの職員Bが、入所者である預金者Aに代わって預金払戻手続を行う場合は、Aの意思確認を行う必要があります。意思確認の方法は、渉外係員が本人Aに直接面談してその意思を確認するか、あるいはAの老人ホーム職員に対する委任状の提出を受けてその意思を確認します。

❷ Aの意思能力の確認

前記の方法は、Aの意思能力に問題がない場合に限られます。Aの意思能力の確認方法ですが、Aに面談しただけでは不十分であり、Aの家族や、Aをよく知る人物などとの雑談のなかで、Aの健康状態を上手に聞き出すことが効果的です。そして、Aが認知症を患っているなど能力に問題があることが判明した場合は、成年後見制度のほか、社会福祉協議会が行っている日常的金銭管理サービスなどの利用を促すべきです。

Q 32 成年後見人による多額の出金依頼と後見制度支援預貯金の取扱い

預金者Aは、成年後見の審判を受け、成年後見人Bが選任されています。今般、Bから多額の出金依頼がありましたが、何ら確認することなく応じてもよいのでしょうか。

A answer　成年後見人Bは、Aの財産の管理処分権限者ですので、BからAの預金払戻請求があれば、多額でも、金融機関はこれに応じる義務があります。

なお、Bが適切に後見事務を行っているかどうかについては、家庭裁判所または成年後見監督人がチェックすることになります。また、Aの資産のうち、多額の預金等を安全に管理する方法として後見制度支援預貯金等の利用も検討すべきでしょう。

▶ **解説** explanation

 後見事務と後見監督等

　成年後見人は成年被後見人（本人）の財産について、家庭裁判所の監督の下で、もっぱら本人のために善良なる管理者の注意をもって後見事務を処理する義務を負っています（民法869条・644条）。

　また、成年後見人は、行った職務の内容（これを「後見事務」という）を定期的（1〜3年に1回）に家庭裁判所に報告するとともに、必要に応

じて、家庭裁判所に対し事前に指示を仰ぐ等、家庭裁判所や成年後見監督人の監督を受けることになっています（同法863条）。

　したがって、成年後見人が本人の重要な財産を処分したり、その行為が本人の利益になるかが不安な場合は、後日、善管注意義務違反を問われることを未然に防止するためにも、事前に家庭裁判所に相談すべきこととされており、後見監督人が選任されている場合は、後見監督人の同意を得なければならないことになっています（同法864条）。

❷ 質問の場合の対応と後見制度支援預貯金の取扱い

⑴　質問の場合の対応

　成年後見人Bは、成年被後見人Aの財産の管理処分権限者ですので、BからAの預金払戻請求があれば、多額の出金依頼であっても、金融機関は預金債務者ですから、これに応じる義務があります。Bが適切に後見事務を行っているかどうかについては、家庭裁判所または成年後見監督人がチェックするので、金融機関としては、もっぱら預金事務を適切に行えば足ります。

⑵　後見制度支援預貯金の取扱い

　後見制度支援預貯金とは、成年被後見人の多額の預金等を安全に管理する方法として導入されたものです。この預金を利用する場合は、家庭裁判所が発行する指示書に基づき、口座開設、預入、払戻し等の手続を受け付けるので、成年被後見人の大口預金を成年後見人が適切に管理することができるようになります。

　これにより、成年被後見人の資産を、家庭裁判所の指示書に基づき開設する大口口座で安全に管理することになりますが、当該口座での各種取引は制限があるので、成年被後見人の日常生活に必要な取引（公共料金の引き落とし、年金の受取等）を行う口座は、小口口座として別に口座を開設する必要があります。ただし、すでに金融機関に本人の預金口座がある場合は、これを日常生活のための口座として利用することができます。

Q 33 　預金規定の成年後見制度に関する免責約款の効力

高齢の預金者Aの保佐人と称するBが来店し、「Aが勝手に金融機関のATMで合計300万円の預金を払戻して浪費した。Bの同意がないので、取り消して元に戻してほしい。」とのクレームがありました。調査すると、Aは半年前に保佐開始の審判を受けBが保佐人となったものの、その旨の金融機関への届出はまだしていないことが判明しました。
どのように対応すればよいでしょうか。

預金規定には、預金者本人について、後見・保佐・補助が開始された場合にはその旨等を書面で届け出ることとし、届出前に生じた損害については、金融機関は免責される旨が定められており、この規定は、預金者の知・不知を問わず、適用されるべきであるとする裁判例があります。
したがって、金融機関は、この免責約款により取消しには応じられない旨を返答するとともに、速やかに保佐開始の旨の届出をするよう促すべきでしょう。

▶ **解説** explanation

① 成年後見制度と預金規定の免責約款の効力

⑴　成年後見制度と免責約款

　預金規定等における免責約款には、「①家庭裁判所の審判により、預金者について補助・保佐・後見が開始された場合には、直ちに成年後見人等の氏名その他必要な事項を書面によって届け出ること、また、預金者の成年後見人等について、家庭裁判所の審判により、補助・保佐・後見が開始された場合も同様に届け出ること。②家庭裁判所の審判により、任意後見監督人の選任がされた場合には、直ちに任意後見人の氏名その他の事項を書面によって届け出ること。③すでに補助・保佐・後見開始の審判を受けているとき、また任意後見監督人の選任がされているときにも、①②と同様に届け出ること。④以上の①②③の届出事項に取消または変更等が生じた場合にも同様に届け出ること。を義務付けています。また、以上の届出前に生じた損害については、金融機関等は責任を負わない。」旨が定められています。

⑵　免責約款の効力

　上記免責約款は、被後見人、被保佐人、被補助人の保護と取引安全の調和を図るための合理的な定めであって、金融機関と取引を行う多数の預金者との間の預金取引に関する、いわば条理を定めたものとして、預金者の知・不知を問わず、拘束力を有するものと解するのが相当であるとする裁判例があります（東京高判平成22・12・8金融・商事判例1383号42頁）。

　したがって、当該免責約款は有効であり、被保佐人Aまたは保佐人Bは、その旨の届出をしない間に行った預金300万円の払戻しを取り消すことはできないものと解されます。

❷ 成年後見制度に関する届出前の窓口での払戻しと取消しの可否

　質問の場合のように、成年後見制度に関する届出前の払戻しがATMによる場合は、制限行為能力者による払戻しであることを認識できる余地はほとんどなく、金融機関は上記免責約款により免責され、AまたはBは当該払戻しを取り消すことはできないと考えられます。

　日常生活に関する行為（少額の払戻しなど）については、制限行為能力者であっても取消しはできません（民法9条・13条等）。また、すでに被保佐人等の制限行為能力者となっているのにもかかわらず、そのことを伏せて金融機関に行為能力者であることを信じさせるための詐術を用いたときも、当該払戻行為を取り消すことはできません（同法21条）。

　また、免責約款は、預金者に対し、成年後見等が開始された場合にその旨の届出を義務づけていますが、これを告知義務と考えるならば、その義務に違反して成年後見等の開始を告知しないのは詐術に当たると解される余地があります。

　たとえば、被保佐人Aが窓口で預金の払戻しを行う際に、上記のような場合に該当するときは、金融機関は預金規定の免責約款により払戻しの取消請求を謝絶できるものと考えられます。また、上記に該当しないときでも、払戻手続の際のAの言動等に何ら不自然性はなく、その意思能力に疑わしい要素が何らない場合は、預金の払戻しを有効に行うための意思能力を有していたものと解することも可能です。

Q34　預金払戻請求書の代筆

視覚障がい者等の依頼に応じて、金融機関の係員が預金払戻請求書を代筆することがありますが、法的に問題はないのでしょうか。

A answer

身体的障がいのために自署できないため、金融機関の係員が代筆せざるを得ない場合は、当該払戻しが預金者の意思によるものであることを証明できるようにしておくことが必要です。そのためには、代筆は2人の金融機関の係員が立会いのうえ行い、代筆に至る経緯等を詳細に記録しておくことが不可欠です。

▶ **解説** explanation

❶　払戻請求書の役割

払戻請求書は、預金者がその意思で払戻請求を行ったことを証明するための書類であり、後日、裁判上の争いとなった場合に、そのことを証明するための証拠証券としての役割があります。これにより、払戻金が預金者に引き渡されたことが推認されます。

❷　代筆の問題点

払戻請求書を金融機関の係員が代筆すると、預金者の意思によって払戻請求がされたことは証明できなくなります。また、払戻金は当該係員が受け取ったことは推認されますが、預金者が「払戻請求をしたこともなく払

戻金を受け取っていない」と主張すれば、当該係員による不祥事ではないかと疑われるおそれもあります。

❸ 預金者の意思による代筆であることの確認

　金融機関の係員が払戻請求書を代筆する場合は、後日、裁判上の争いとなった場合に、預金者の意思による代筆であることを証明できるようにしておく必要があります。

　そのためには、①代筆に際しては、必ず複数の係員が立ち会って対応すること、②代筆に至った原因や経緯等を詳細に記録にとどめておくことが不可欠です。また、②については、払戻金額と資金使途に不自然さがないことなどの確認も必要です。

　なお、録音や防犯カメラ等による録画をして、一定期間保存しておくことも有効です。

Q 35 番号札の紛失

窓口での預金の払戻しに際して、払戻請求者に渡した番号札を紛失したとの届けがありました。この場合、預金の支払はどのようにすればよいでしょうか。

A answer

預金者に紛失届を提出してもらい、預金者本人であることを公的証明書等で確認できれば、払戻しに応じることができます。

▶ **解説** explanation

❶ 番号札の役割

番号札は、窓口での預金の払戻手続に際して利用されます。たとえば、預金の払戻請求に際して預金通帳や払戻請求書と引換えに預金者に番号札を渡し、その番号札と引換えに預金通帳とともに払戻金を支払うことになります。この番号札は、法的には免責証券としての効果があります。つまり、番号札の持参人に払戻金を支払えば、たとえその者が無権利者であったとしても、金融機関が善意無過失であれば免責されるというものです。要するに、預金の払戻請求者以外の第三者に誤払するなどの二重支払リスク防止等のために番号札が利用されます。

❷ 番号札の交付を怠ったため二重支払を余儀なくされた事案

窓口係員Bは、預金者Aから普通預金通帳と100万円の払戻請求書の提出

を受けましたが、番号札をAに渡すことを失念していました。その後、昼休み交代のため、窓口係員Cが担当することになり、Aを呼び出しましたが、現れた人物に何ら不審な様子もなかったので、その者に払戻手続を済ませました。その時、Aは用事のため出かけており不在だったのですが、Cはそのことを知るよしもなく、しばらくしてA本人が店頭に戻り、Aに対する二重払いを余儀なくされたという事案があります。番号札を利用していれば、二重払いは防げた事案です。

❸ 預金者が番号札を紛失した場合の対応策

　預金の払戻手続に際して預金者に渡した番号札を預金者が紛失した場合は、紛失届を提出してもらい、預金者本人であることを公的証明書等で確認できれば、払戻しに応じることができます。

　なお、預金者が番号札を紛失した旨の届出がされる前に、何者かが紛失した番号札を持参し、その者が無権利者であることを金融機関が知らずに払戻しに応じてしまった場合は、その者が無権利者であることを知らないことに過失がなければ、金融機関は免責されるものと考えられます。

預金の解約

Q 36 預金者以外の者による預金の解約申出

預金者以外の者から、普通預金の解約や定期預金の満期解約の申出があった場合、金融機関の確認すべき事項は何でしょうか。

A answer 普通預金の解約や当座預金の解約については、本人の意思確認が不可欠です。しかし、定期預金の満期解約については、普通預金の払戻しの場合と同様の注意義務で足ります。

▶ **解説** explanation

❶ 普通預金の解約

　普通預金の事務としては、単なる預金の消費寄託契約上の入出金事務だけでなく、公共料金の自動支払や借入金の自動返済、給与や年金、販売代金や賃貸料金等の受入、利息の入金等、委任事務ないし準委任事務の性質を有するものも多く含まれています（最判平成21・1・22民集63巻1号228頁参照）。普通預金を解約すると、このような多様な取引をする預金者としての地位を失うことになります。

　したがって、普通預金の解約の場合は、本人の意思確認が不可欠です。代理人による場合はその代理権限について確認しなければなりませんが、そのためには、本人が代理権限等を付与したことの確認を行うことになります。

❷　定期預金の満期解約

　定期預金の期限前解約の場合は注意義務が加重されますが（東京高判平成16・1・28金融・商事判例1193号13頁。Q38参照）、満期解約については、普通預金の払戻請求と同程度の注意をもって対応すればよいと解されています（前掲東京高判平成16・1・28の普通預金払戻し、女性名義の普通預金通帳と届出印を持参した男性による払戻しにつき最判昭和42・4・15金融・商事判例62号2頁）。

❸　当座預金の解約

　当座預金の法的性質は、支払委託契約と消費寄託契約の混合契約と解されています。また、当座預金の解約は、当事者（預金者または金融機関）の一方的な意思表示によってすることができますが、手形や小切手をすでに振り出している場合は、不渡事故につながるおそれがあります。

　したがって、当座預金についても、預金者以外の人物から解約申出があった場合は、本人の意思確認が不可欠です（Q39参照）。

Q 37 反社会的勢力であることが判明した場合の
預金の解約

預金者Aが反社会的勢力であることが判明しました。
当該預金を解約する場合の留意点は何でしょうか。

A answer 反社会的勢力に対する対応に関する預金規定を示して、解約に応じるよう交渉しなければなりません。係員の安全が脅かされるなど不測の事態が危惧される場合は、警察や暴力追放運動推進センター、弁護士に相談するとともに、組織として対応することが大切です。

▶ **解説** explanation

 反社会的勢力とは

　反社会的勢力とは、暴力、威力と詐欺的手法を駆使して経済的利益を追求する集団または個人であるとされていますが、この反社会的勢力をとらえるに際しては、暴力団、暴力団関係企業、総会屋、社会運動標榜ゴロ、政治活動標榜ゴロ、特殊知能暴力集団等といった属性要件に着目するとともに、暴力的な要求行為、法的な責任を超えた不当な要求といった行為要件にも着目することが重要です（警察庁の令和2年4月1日付「組織犯罪対策要綱の制定について（依命通達）」参照）。

❷ 反社会的勢力の排除と態勢整備

　反社会的勢力を社会から排除していくことは、社会の秩序や安全を確保

するうえできわめて重要な課題であり、反社会的勢力との関係を遮断するための取組みを推進していくことは、企業にとって社会的責任を果たす観点から必要かつ重要なことです。特に、公共性を有し、経済的に重要な機能を営む金融機関においては、金融機関自身や役職員のみならず、顧客等のさまざまなステークホルダーが被害を受けることを防止するため、反社会的勢力を金融取引から排除していくことが求められます。

そのためには、反社会的勢力に対して屈することなく法令等に則して対応することが不可欠であり、金融機関においては、「企業が反社会的勢力による被害を防止するための指針について」（平成19年6月19日犯罪対策閣僚会議幹事会申合せ）（注）の趣旨を踏まえ、平素より、反社会的勢力との関係遮断に向けた態勢整備に取り組む必要があります。

（注）「企業が反社会的勢力による被害を防止するための指針について」（平成19年6月19日犯罪対策閣僚会議幹事会申合せ）の概要は、次のとおりです。
〔反社会的勢力による被害を防止するための基本原則〕
・組織としての対応
・外部専門機関との連携
・取引を含めた一切の関係遮断
・有事における民事と刑事の法的対応
・裏取引や資金提供の禁止

❸ 経営陣の断固たる対応と問題の早期解決

特に、近時、反社会的勢力の資金獲得活動が巧妙化しており、関係企業を使い通常の経済取引を装って巧みに取引関係を構築し、後々トラブルとなる事例も見られます。こうしたケースにおいては経営陣の断固たる対応、具体的な対応が必要です。

なお、従業員の安全が脅かされる等、不測の事態が危惧されることを口実に問題解決に向けた具体的な取組みを遅らせることは、かえって被害を大きくすることに留意する必要があります。

Q 38　預金の中途解約に応じる際の留意点

BがAの定期預金証書と届出印を持参して、期限前解約払戻しを求めてきました。金融機関の係員は、BはAの配偶者と考えていた（実は同棲関係）ので、Aの意思確認をすることもなくこの中途解約に応じて支払いました。ところが、後日、Aが来店し、「Bへの支払は無効だ」と主張しました。どのように対応すべきだったでしょうか。

A answer

預金者以外の者による定期預金の期限前解約の場合は、本人との関係や代理権限の確認、あるいは本人の意思確認を行うべきです。これを怠った場合は、金融機関の過失責任を問われるおそれがあります。

▶ **解説** explanation

❶ 定期預金の期限前解約における金融機関の注意義務

一般に、定期預金の期限前解約の場合には、払戻請求者と預金者の同一性に関する金融機関の注意義務は、満期解約や普通預金の払戻しと比較して加重されるものと解されています。

また、盗難の預金証書等による中途解約事案については、払戻請求者の同一性に疑念を抱かせる特段の不審事由が存しない限り、原則として、預金証書と届出印鑑の所持の確認、事故届の有無の確認、中途解約事由の聴

取、払戻請求書と届出印鑑票各記載の住所・氏名および各押捺された印影の同一性を調査確認することをもって足りるとする判例があります（最判昭和54・9・25金融・商事判例585号3頁、大阪高判昭和53・11・29金融・商事判例568号13頁）。

❷ 預金者以外の者による定期預金の期限前解約の場合の注意義務

　質問のような事案において、まずその者に本人との関係をたずね、その者が本人の委任を受けているというのであれば委任を証する書面を求め、これがなければ本人に意思確認をし、これが明らかになって初めて解約申入等に応じるべきであり、そのような手続を講ずることなく定期預金の解約等に応じた場合は、過失責任を免れないとする裁判例があります（東京地判平成15・2・28金融・商事判例1178号53頁）。

　したがって、預金者以外の人物による定期預金の期限前解約に際しては、当該払戻請求者と本人との関係や代理権限を有しているかを聴取し、そのうえで本人の解約の意思確認を行って解約払戻しに応じるべきです

39 当座勘定取引契約の解約

当座勘定取引先Aは、資金繰りが悪化しており頻繁
に入金待ちを繰り返すなど、取引状態は不良です。A
との当座勘定取引を解約したいと考えていますが、ど
のように対応すればよいでしょうか。

A answer　Aの同意を得たうえで、**任意解約の方法で解約するこ
とが無難な方法**です。

▶ **解説** explanation

❶ 当座勘定契約の法的性質と解約の方法

　当座勘定契約の法的性質は、支払委託契約と消費寄託契約の混合契約と
解されています。したがって、当座勘定契約は、当事者の一方の都合でい
つでも解約することができます（民法651条１項・民法666条、591条２項・
３項）。

　また、金融機関が、当座勘定規定に基づき解約通知を取引先の届出住所
に宛て発信した場合に、この通知が延着しまたは到達しなかった場合は、
通常到達すべき時に到達したものとみなすことになっており、これを「み
なし送達」規定といいます。

　民法の一般原則によれば、解約通知は取引先に到達した時に解約の効力
が発生するため（民法97条１項）、取引先が行方不明などの場合は、公示送
達の方法をとらなければ解約できなくなります。そこで、このような場合
に備えて「みなし送達」の規定により有効に解約できるようにしています。

なお、相手方が正当な理由なく意思表示の通知が到達することを妨げたときは、その通知は、通常到達すべきであった時に到達したものとみなされます（民法97条2項。最判平成10・6・11民集52巻4号1034頁、金融・商事判例1058号19頁）。

また、この場合の解約通知は、配達証明付内容証明郵便で通知し、転居先不明等により返戻された場合は、当該転居先不明郵便を当座勘定の解約関係書類とともに保管します。

❷ 質問の場合の解約方法

質問の場合に、当座勘定取引先Aに対する金融機関による一方的な通知によって解約したところ、それがAにとって不利な時期であったため、不渡事故の発生を余儀なくされて多額の損害を被ると、金融機関にやむを得ない事情がない限り、金融機関がその損害を賠償しなければならなくなります（民法651条1項ただし書・同項1号）。

頻繁な入金待ちなどAの取引状態が悪いだけでは、金融機関にやむを得ない事情があったことにはならないと考えられるので、Aの同意を得たうえで任意解約の方法で解約することが現実的な解約方法です。

❸ 取引先が取引停止処分を受けた場合の解約方法

取引先が取引停止処分を受けた場合、取引金融機関は、Aとの当座勘定取引をこの取引停止処分日に解約しなければなりません。この場合の解約方法は、取引先の住所地に宛てて配達証明付内容証明郵便で解約通知を発信する方法で行いますが、この場合の解約の効力について当座勘定規定は、解約通知が到達した時ではなく、発信した時に発生するものと特約しています。

第**3**章 CHAPTER 1

預金の管理

預金の相続

Q 40　相続開始を知らなかった場合

預金者Aの配偶者Bが来店し、A名義の普通預金の
ほぼ全額150万円を払い戻しました。ところが、その
前日にAがすでに死亡しており、当該相続預金をAの
子Cに相続させるとの遺言があることが判明しました。
当該払戻しの効力はどうなりますか。なお、Aの相続
人はB・Cのほか子Dとなっています。

A answer

Aの死亡を知らないことにつき金融機関に過失がない
場合は、Bに対する弁済は、受領権者としての外観を
有する者に対する弁済として免責される可能性があり
ます（民法478条）。しかし、過失がある場合は、当該
相続預金の権利者である受益相続人Cに対する二重支
払を余儀なくされるおそれがあります。

▶ **解説** explanation

Aの死亡を知らないことにつき無過失の場合

　遺言が有効であれば、当該A名義の普通預金は、Aの死亡と同時にCの
普通預金となります（最判平成3・4・19民集45巻4号477頁、金融・商事
判例871号3頁参照）。したがって、当該預金はCに払い戻さなければ有効
な弁済とはなりません。

　しかし、民法478条は、「受領権者以外の者であって取引上の社会通念に

照らして受領権者としての外観を有する者に対してした弁済は、その弁済をした者が善意であり、かつ、過失がなかったときに限り、その効力を有する。」と規定しています。

質問の場合の相続預金の受領権者は、Aの遺言の受益相続人Cであり、Bではありません。しかし、BがA名義の普通預金の通帳と取引印を持参して来店した場合、BはAの配偶者でありAとの預金取引上の社会通念に照らして、BはAの代理人ないし使者として払戻金の受領権者の外観を有する者といえます。

したがって、Bに対してした相続預金の弁済は、その弁済について金融機関が善意（Bが受領権者ではないことを知らない）であり、かつ、（Bが受領権者ではないことを知らないことにつき）過失がなかったときに限り、その効力を有する（当該弁済は有効であり、金融機関はCに対する二重払いを免れる）ことになります。

つまり、金融機関がAの死亡を知らないことにつき無過失であれば、Bに対する弁済は、受領権者としての外観を有する者に対する弁済として免責されます。しかし、質問の場合、普通預金残高のほぼ全額である150万円の払戻行為であることから、当該払戻しに際し、Aの意思確認を行う手順を踏むべきであったのにこれを怠ったとして、過失責任を問われるおそれがあります。

❷ Aの死亡を知らないことにつき過失がある場合

たとえば、Aの死亡を知った職員が支払停止措置を怠り、Aの死亡を知らない他の職員が払戻権限のないBに相続預金を払い戻して、Aの相続人に損害が発生した場合、金融機関は過失責任を問われ、相続人に対する二重払いを余儀なくされるおそれがあります。

Q 41 預金者の死亡を知った場合の対応

預金者Aの妻Bから、Aが昨夜死亡したことを告げられました。Bによると、相続人は、配偶者Bおよび子C・Dということです。どのように対応すべきでしょうか。

 Answer

直ちに預金課長等に連絡し、A死亡のシステム登録を行い、オンライン等による支払禁止措置を行うことが必要です。さらに、Aとの他店舗での取引の有無を調査し、取引が判明した場合も同様の措置をとります。また、Aの死亡時等の事実確認と書面による死亡届出の受理・遺言の有無・法定相続人の調査確認等が必要です。

▶ **解説** explanation

① 預金者の死亡と預金の帰属

相続は、Aの死亡によって開始し（民法882条）、相続人B・C・Dは、相続開始の時から、被相続人Aの財産に属した一切の権利義務（ただし、Aの一身に専属したものを除く）を承継します（同法896条）。つまり、Aの遺言が存在しない場合は、Aの死亡の時点で、その相続人B・C・Dが各法定相続分に応じてAの相続預金を承継し共有（準共有）することになります。

❷　支払停止措置の理由

　Aが死亡したことを告げられた時点では、金融機関としては、誰がAの預金を相続したのかわかりません。一方で、A名義の真の預金者が誰なのか不明な段階で、預金証書と届出印を持参した者に対して払戻しをするわけにはいきません。もしも、この段階で無権利者に対して払戻しに応じてしまうと、金融機関は二重支払を余儀なくされるおそれがあります。これが、相続預金について支払停止措置をとる理由です。

❸　支払停止措置後の相続預金の承継者の確認

　支払停止措置の次に金融機関がとるべき対応は、Aがいつ死亡したのかなどの事実確認のほか、Aの相続預金の承継者は誰なのかを確認することです。

　たとえば、Aの法定相続人は誰なのかを戸籍や除籍に係る全部事項証明書等によって確認するとともに、預金の相続は法定相続によるのか、遺産分割協議によるのか、あるいは遺言はあるのかなどを確認して、相続預金の権利者を確認しなければなりません。それらが判明するまでの間は払戻しに応じることはできないし、応じるべきではありません。

　なお、遺言は、遺言者Aの死亡の時からその効力を生じます（民法985条1項）。したがって、たとえば「預金はCに相続させる」という遺言がある場合は、Aが死亡した時点で預金者はCになったことになります。この場合は、遺言の有効性が確認できるまでは払戻しに応じることはできません。

第3章　預金の管理

Q 42 共同相続人の１人による遺産分割協議前の
相続預金の払戻請求

預金者Ａが死亡し、相続が開始しました。相続人は
Ａの子Ｂ・Ｃ・Ｄの３人ですが、Ｂから相続預金の一
部払戻請求がされました。他の相続人ＣおよびＤの同
意は直ちには得られない状況ですが、緊急を要すると
のことです。どのように対応すればよいでしょうか。

A answer 相続預金は、その相続開始と同時に相続人Ｂ・Ｃ・Ｄ
の各法定相続分に応じて当然には分割されず、遺産分
割の対象となります。したがって、Ｃ・Ｄの同意が得
られない限り一部の払戻しに応じることはできません。
また、民法の相続預貯金の仮払制度での対応は可能で
すが、上限金額等の制限があるので注意が必要です。

▶ **解説** e x p l a n a t i o n

① 相続開始と預金債権の相続

(1) 最高裁大法廷平成28年12月19日決定

最高裁大法廷平成28年12月19日決定は、預金債権は相続と同時に各相続
人に当然に分割されるとする最高裁平成16年４月20日判決（金融・商事判
例1205号55頁）を変更し、銀行の普通預金債権、ゆうちょ銀行の通常貯金
債権および定期貯金債権については、いずれも相続開始と同時に当然に分
割されることはなく、家庭裁判所の遺産分割審判の対象となると判示しま

した（金融・商事判例1510号37頁）。

⑵　最高裁平成29年４月６日判決

　最高裁平成29年４月６日判決は、前掲最高裁大法廷決定を引用し、共同相続された信用金庫の普通預金債権と定期預金債権および定期積金債権は、いずれも、相続開始と同時に当然に相続分に応じて分割されることはないと判示しました（金融・商事判例1521号８頁）。

　この判決により、信用金庫のほか協同組織金融機関等の普通預貯金や定期預貯金、定期積金等の預貯金についても、相続開始と同時に当然に分割されることはなく、家庭裁判所の遺産分割審判の対象となることが明らかとなりました。

❷　相続人の１人による法定相続分の払戻請求

　質問の共同相続人Ｂ・Ｃ・Ｄは、相続開始と同時にその預金債権について法定相続分に応じてその共有持分を共有（準共有）することになり、当然に分割されることはないので、各自単独でその共有持分の払戻しを請求することはできません。金融機関がＢによる法定相続分の払戻請求に応じるためには、他の共同相続人Ｃ・Ｄの同意を得ることが不可欠となります。

❸　相続預金の仮払制度

　民法は、相続開始時の被相続人の預金の３分の１に各共同相続人の法定相続分を乗じた額までは、他の共同相続人の同意を得ずに単独で払戻しができることとしています（民法909条の２前段）。

　ただし、この規定によって権利行使できる預金債権の割合および額については、個々の預金債権ごとに判断されることになります。

　たとえば、質問において、普通預金450万円、定期預金が360万円あった場合には、相続人が単独で権利行使できるのは、普通預金は50万円（450万円×１／３×法定相続分１／３）と定期預金40万円（360万円×１／３×法定相続分１／３）となり、その各預金の範囲内で合計90万円の払戻しを受けることができます。

普通預金のみまたは定期預金のみから90万円の払戻しを受けることはできません。

また、仮払金額を上記金額に限定しても預金が多額であれば仮払金額も高額となるため、上記民法909条の２では、上記の割合による上限だけでなく、１つの金融機関に払戻請求できる金額についても法務省令によって上限額は150万円とされています。

したがって、たとえば、被相続人Ａの預金が甲金融機関には普通預金900万円と定期預金720万円、乙金融機関には定期預金1440万円ある場合、相続人Ｂが仮払請求できる金額は、以下のようになります。

甲金融機関の預金からは、普通預金100万円（900万円×１／３×Ｂの法定相続分１／３）および定期預金80万円（720万円×１／３×Ｂの法定相続分１／３）の払戻請求ができますが、一金融機関の上限金額150万円に制限されます。この場合、普通預金から100万円と定期預金から50万円の合計150万円の払戻請求はできますが、普通預金のみまたは定期預金のみから150万円の払戻請求はできません。

また、乙金融機関の預金からは、定期預金150万円（1440万円×１／３×Ｂの法定相続分１／３＝160万円→ただし法務省令の上限額150万円が限度）の払戻請求ができます。

なお、仮払された預貯金は遺産の一部分割によって取得したものとみなされ（同法909条の２後段）、後日、遺産分割の際に当該払戻額がＢの相続分から差し引かれることになります。

Q43 葬儀費用としての相続預金の払戻請求

預金者Aが死亡し、相続が開始しました。相続人は
Aの子B・C・Dの３人ですが、Bから、葬儀費用の
支払のため相続預金の一部払戻請求がされました。
他の相続人C・Dの同意は直ちには得られない状況で
すが、仮払制度での払戻金額では不足するとのことで
す。どのように対応すればよいでしょうか。

answer 相続人に遺言や遺産分割協議がないことを確認すると
ともに、仮払金額を超えて払戻しに応じる部分につい
ては、仮払金額を含めた総額がBの法定相続分の範囲
内でかつ葬儀費用の範囲内とすることでリスクを最小
限に抑える対応が考えられます。

▶ **解説** explanation

❶ 葬儀費用の負担

葬儀費用を誰が負担すべきかについては、相続財産に関する費用（民法
885条）として相続財産から支出することが許されるとする裁判例（東京地
判昭和59・7・12金融法務事情1112号37頁）があるほか、必ずしも遺産か
ら支払わなければならない性質のものではないとする裁判例（仙台高決昭
和38・10・30家庭裁判月報16巻2号65頁）や、喪主の負担とすべきである
とする裁判例（東京地判昭和61・1・28判例時報1222号79頁）などがあり
ます。

また、学説では、喪主は葬儀費用の範囲内で遺産管理を行う者であり、喪主からの払戻請求であれば、葬儀費用の便宜払を有効とする考え方（高木多喜男「葬祭費の便宜払い」金融法務事情969号20頁）もあるなど、裁判例・学説は分かれています。

❷ 葬儀費用を資金使途とする相続預金の払戻請求への対応

　相続預金の支払について金融機関が硬直的な対応をしたために、後日、喪主等の相続人からのクレームに発展する事態は避けたいところです。逆に、相続預金の資金使途が葬儀費用ですから、便宜払に応じたとしても、他の相続人等からクレームを受けるケースは少ないことから、実務上は、リスクを最小限に抑えたうえでの対応も考えられます。

　たとえば、相続預金の仮払制度でも不足する場合等においては、できるだけ多くの相続人に遺言や遺産分割協議がないことを確認するとともに、仮払金額を超えて払戻しに応じる部分については、仮払金額を含めた総額がBの法定相続分の範囲内でかつ葬儀費用の範囲内とすることでリスクを最小限に抑える対応が考えられます。また、葬儀費用を金融機関から葬儀社に直接振り込む方法も有効でしょう。

Q 44　共同相続人のなかに未成年者がいる場合の遺産分割協議前の払戻請求

被相続人Aの相続人は妻Bと子C・D（未成年者）ですが、Bは「遺産分割協議はしないので相続預金全額を払い戻してほしい」とのことです。どのように対応すべきでしょうか。

A answer　遺産分割協議をしないのであれば、共同相続人全員の同意による払戻手続、すなわち、BおよびCの署名捺印と、Dについては法定代理人Bの署名捺印があれば相続預金全額を払戻しできます。

▶ 解説 explanation

❶ 親権者による子の財産管理権と利益相反行為

　親権者は未成年の子の財産について、管理処分権限を有しています（民法824条）。この親権者の財産管理権は、未成年の子には自分の財産を管理する十分な判断能力がないので、もっぱら子の利益のために親権者に子の財産を管理させる趣旨で認められたものです。

　一方、民法826条1項は、親と未成年の子の利益が相反する行為については、特別代理人の選任を家庭裁判所に求めるよう定めています。たとえば、B・C・D間の遺産分割協議は、BとDの利益が相反する行為に該当するため、BはDのために特別代理人の選任を家庭裁判所に申請しなければならず、Bは代理権を行使できません。

しかしながら、Dが法定相続した預金について、その親権者Bが遺産分割協議前に行う払戻行為は、Dの預金をDのために現金に換えて管理する行為であり、利益相反行為には該当せず、Bは、Dの代理人としてDの当該預金の払戻請求をすることができます。

② 遺産分割協議をしない場合の払戻手続

　被相続人Aの出生から死亡までの連続した戸籍の全部事項証明書（除籍の全部事項証明書および改製原戸籍を含む）等の提出を受け、相続人がB・C・Dであることを確認します。そして、B・C・Dに対してその法定相続した預金全額を払い戻す場合は、共同相続人B・C・D全員の同意による払戻手続で対応することができます。すなわち、遺産分割協議前の相続手続依頼書にBとCの各署名と実印による捺印（B・Cの印鑑証明書を添付）およびDについては、Bに法定代理人として署名捺印をしてもらいます。なお、紛失等によりAの通帳・証書、キャッシュカード等の提出を受けられない場合は、相続手続依頼書にその旨の記載を受けます。

　この場合においても、BおよびCに対して遺産分割協議は行わないことや遺言等はないことを確認しなければなりません。

45　共同相続人のなかに未成年者がいる場合の遺産分割協議による払戻請求

預金者Aが死亡し相続が開始しました。相続人は、配偶者Bと子C・D・Eであり、D・Eは未成年です。配偶者Bが来店し、「A名義預金については、DとEに２分の１ずつ相続させたいと思っている。遺産分割協議をするにはどうすればよいか助言してほしい」との申出がありました。この場合の遺産分割協議による分割は、どのようにすればよいでしょうか。

A answer　遺産分割協議は、共同相続人B・C・D・E全員によって行わなければなりません。ただし、親権者Bと子D・E間の利益相反行為となり、D・E間の利益相反行為にもなるため、家庭裁判所により選任されたDの特別代理人およびEの特別代理人がDおよびEのために遺産分割協議を行う必要があります。

▶ **解説** explanation

❶　遺産分割協議による分割

⑴　相続人の一部が未成年者の場合

　質問の場合のように、共同相続人の一部が未成年者であり、その法定代理人である親権者も共同相続人の場合、遺産分割協議は親権者と子の利益が相反することになります。この場合は、親権者は、子のために特別代理

人の選任を家庭裁判所に請求しなければなりません（民法826条1項）。

また、利益相反の関係は親権者と子の間だけでなく、親権に服する一方の子と他方の子の間にも生じ（同条2項）、子D・E間も利益相反の関係となるため、DおよびEの特別代理人は別人でなければなりません（最判昭和48・4・24判例時報704号50頁参照）。

したがって、親権者Bは、未成年の子Dのための特別代理人だけでなく未成年の子Eのための特別代理人の選任を家庭裁判所に請求しなければなりません。そして、遺産分割協議は、親権者Bと子C、および子Dの特別代理人と子Eの特別代理人の4人で行うことになります。

(2) 特別代理人の選任手続等

特別代理人は、親権者等の請求により家庭裁判所が選任しますが、実務では、親権者等の請求者が被選任者を推薦し、利害関係等の問題がなければ、この者を家庭裁判所が特別代理人とする手続がとられます。選任された特別代理人は、家庭裁判所の選任に関する審判書に記載された特定の行為について代理権限を有します。

(3) 遺産分割協議が調わない場合

遺産の分割について、共同相続人間で協議が調わないときや協議ができないときは、家庭裁判所に分割を請求することができます（民法907条2項）。ただし、各共同相続人は、家庭裁判所の審判を求める前にまず調停を試みることが求められます（家事事件手続法257条）。そして、調停が不成立に終わったときは審判によって分割することになります（同法284条）。

❷ 遺産分割が正しくなされたことの確認

遺産分割協議による遺産分割の場合は、特に要式が定められているわけではないので、相続人全員の合意があったことを遺産分割協議書により確認することになります。相続人全員の実印による署名捺印と印鑑証明書の添付を求めて印鑑照合を行い、様式に不備はないかをチェックします。利益相反行為のため特別代理人が選任された場合は、特別代理人の実印による署名捺印を確認します。

Q 46 共同相続人のなかに成年被後見人と成年後見人がいる場合

預金者Aについて相続が開始しましたが、相続人は配偶者B（成年被後見人）と長男Cおよび次男D（Bの成年後見人）となっています。Dから、相続預金全額について、遺産分割協議前の払戻しに応じてほしいとの申出があります。どうすればよいでしょうか。

A answer

遺産分割協議前の払戻しであれば、成年被後見人Bが法定相続した預金を現金に換えるだけであり、成年後見人DによるBの財産の管理行為ですから利益相反行為にはあたりません。したがって、相続人全員の同意、すなわち、遺産分割協議前の払戻請求書にCとDの署名捺印および、BについてはDに法定代理人として署名捺印してもらえばよいことになります。また、B・C・Dそれぞれの相続預金の解約金の取り分は法定相続分相当の持分となります。

▶ 解説 explanation

　質問の場合、Bは成年被後見人でありDが成年後見人となっているので、遺産分割協議を行う場合は、BとDの利益が相反することになるため、成年後見人Dは、Bのために特別代理人を選任することを家庭裁判所に請求しなければなりません（民法860条・826条）。

　これに対し、共同相続人全員の同意による遺産分割協議前の解約払戻し

の場合は、預金を現金に換えるだけの管理行為であり、その行為自体は利益相反行為とはなりません。また、成年後見人は、成年被後見人の財産を管理し、かつその財産に関する法律行為について被後見人を代表します（同法859条1項）。このような財産管理権は、成年被後見人には自分の財産を管理する判断能力がないので、もっぱら成年被後見人の利益のために成年後見人に被後見人の財産を管理させる趣旨で認められたものです。したがって、遺産分割協議前の払戻しであれば、被後見人が法定相続した預金を現金に換えるだけであり、成年後見人による被後見人の財産の管理行為ですから利益相反行為には当たりません。

　したがって、事例の場合は、遺産分割協議前の払戻請求書にCとDの署名捺印および、BについてはDに法定代理人として署名捺印してもらうことになります。また、B・C・Dそれぞれの相続預金の解約金の取り分は、当然のことながら、相続によって承継した法定相続分相当の持分となります。

Q 47　共同相続人の一部が行方不明の場合の遺産分割協議

預金者Aについて相続が開始し、相続人は配偶者B（成年被後見人）と長男C（ただし、行方不明）および次男D（Bの成年後見人）となっています。Dは、遺産分割協議による払戻しを希望していますが、どのようにすればよいでしょうか。

A answer

成年後見人Dは、成年被後見人Bのために特別代理人の選任を家庭裁判所に申し立てるとともに、行方不明者Cのために不在者財産管理人の選任および同管理人に遺産分割協議を行う権限を付与する審判を求めます。これにより、遺産分割協議は、成年被後見人Bの特別代理人と子Cの不在者管理人およびDの3人で行うことができます。

▶ 解説　explanation

❶　行方不明の相続人がいる場合の遺産分割協議

　共同相続人は、被相続人が遺言で分割を禁止しない限り、いつでも、その協議によって遺産の分割をすることができます（民法907条1項）。ただし、遺産分割協議は、共同相続人の全員で行い、全員一致で結論を出さなければ成立しません。

　質問の場合は、相続人Cが行方不明により不在者となっているので、遺

産分割協議を進めたい相続人Dが、家庭裁判所に不在者Cの財産管理人の選任を申し立てて（同法25条１項）、選任された財産管理人が遺産分割協議に参加して協議を行う方法があります。ただし、不在者財産管理人の権限は、不在者の財産の管理・保存行為に限られているため、家庭裁判所から「権限外行為の許可」を得なければ遺産分割協議に参加することはできません（同法28条）。

遺産分割協議が成立すると、その効力は相続開始の時（被相続人の死亡の時）に遡って生じます（同法909条）。

❷ 遺産分割協議が利益相反になる場合の対応

質問の場合は、共同相続人の１人が成年被後見人Bであり他の１人がその法定代理人である成年後見人Dですから、B・D間の遺産分割協議は利益相反行為となります。そこで、DはBのために特別代理人の選任を家庭裁判所に請求しなければなりません（民法860条・826条１項）。

なお、特別代理人の選任手続については、Q45❶(2)を参照してください。

❸ 質問の場合の遺産分割協議の方法

成年被後見人Bと行方不明の子Cおよび成年後見人Dが共同相続人となる遺産分割協議の場合は、成年後見人Dは、成年被後見人Bのために特別代理人の選任を家庭裁判所に申し立てるとともに、行方不明者Cのために不在者財産管理人の選任および同管理人に遺産分割協議を行う権限を付与する審判を求める必要があります。

そして、遺産分割協議は、成年被後見人Bの特別代理人と子Cの不在者管理人およびDの３人で行うことができます。

Q 48 相続預金の誤払

預金者Aが死亡し、その相続預金1500万円の相続人は、Aとその前夫との間の子B、Aとその後夫との間の子CおよびDの計3人でした。ところが、金融機関は、相続人はCとDのみと誤認し、CとDの同意を得てその法定相続分2分の1相当の750万円をそれぞれ支払ってしまいました。後日、Bから法定相続分500万円の支払を求められた場合、どのように対応すればよいでしょうか。

A answer

相続人がCとDのみと誤認して支払ったことについて金融機関に過失があり、「受領権者としての外観を有する者」に対する弁済として認められない場合は、Bの支払請求には応じざるを得ません。この場合、金融機関は、Bへの支払相当額について損失を受けるので、CおよびDに対して不当利得として返還請求ができます。

▶ 解説 explanation

　相続預金の誤払につき、金融機関が善意であったとしても過失があるのであれば、民法478条の「受領権者としての外観を有する者」に対する弁済としての効力は認められません。この場合は、金融機関は真の預金者からの支払請求を拒否することはできません。

　質問の場合、金融機関は、Aの戸籍を調査すれば容易に相続人Bの存在

を確認できたはずですが、そうであれば、金融機関には過失があることになり、誤払につき「受領権者としての外観を有する者」に対する弁済としての効力は認められません。

　なお、金融機関は、Bに対する二重払によって500万円の損害を受けることになりますが、一方でCおよびDは法律上の原因なく同額の利得を得ていますので、金融機関は、CおよびDに対して、不当利得の返還請求を行うことができます。

　不当利得の返還請求の時期については、金融機関の損失は誤払の時点ですでに発生していると解されるので、金融機関の損失が現実に発生するBへ支払前であっても、あらかじめCおよびDに対して請求することができます（最判平成17・7・11金融・商事判例1233号43頁）。

Q49　自筆証書遺言の有効性の確認

預金者が死亡して相続が開始しました。自筆証書遺言がある場合、どのように対応すればよいでしょうか。

A answer

自筆証書遺言の場合、検認済証明書が添付されているかどうかの確認のほか、全文・日付・氏名すべて自書されているか等を確認します。ただし、2019年1月13日以後に作成された遺言書の財産目録については、自書することを要しません。また、遺言書保管制度を利用していた場合は、検認手続は不要です。

第3章
預金の管理

▶ **解説** explanation

❶　検認済証明書の確認

　自筆証書遺言のうち遺言書保管制度を利用していないものは、検認手続が義務づけられています。したがって、同遺言書による相続預金の払戻請求を受けた場合は、まず、検認済証明書の添付の有無を確認し、添付されていない場合は払戻しに応じることはできません。

(1)　相続人等の検認義務

　自筆証書遺言書の保管者または発見した相続人は、相続の開始を知った後、遅滞なく、遺言書を家庭裁判所に提出して、その検認を請求しなければなりません（民法1004条1項）。また、封印のある遺言書は、家庭裁判所で相続人等の立会いのうえ開封しなければなりません（同条3項）。

　遺言書を提出することを怠り、その検認を経ないで遺言を執行し、また

は家庭裁判所外においてその開封をした者は、5万円以下の過料に処せられます（同法1005条）。この場合、遺言書の効力に直ちに影響はありませんが、偽造・変造等のリスクが高まります。

⑵ 検認の効果

検認とは、相続人に対し遺言の存在およびその内容を知らせるとともに、遺言書の形状、加除訂正の状態、日付、署名など検認の日現在における遺言書の内容を明確にして検認手続後の遺言書の偽造・変造を防止するための手続です。つまり、一種の証拠保全手続であり、遺言の有効・無効を判断する手続ではなく、有効な遺言書であることを保証するものではありません。

⑶ 検認手続の流れ

検認手続の流れの概要は、以下のとおりです。なお、検認期日や検認済みの通知については、送達・不送達にかかわらず、通知すれば足りるものとされています。

① 検認の申立

検認申立書、遺言者の戸籍謄本、申立人・相続人全員の戸籍謄本、遺言書の写し（遺言書が開封されている場合）を添付して相続開始地の家庭裁判所へ請求します。

② 検認期日の通知

家庭裁判所は、検認期日を相続人と利害関係人等全員に通知します。相続人等が検認期日に立ち会うか否かは相続人等の随意です。

③ 検認の実施

検認期日に相続人等の立会いのもとに検認が行われ、相続人等は遺言書の筆跡は本人のものと認めているか、その他検認の結果が検認調書に記載されます。また、検認調書は、検認済遺言書の写しとともに裁判所に保管されます。

④ 検認済みの通知

検認に立ち会わなかった申立人、相続人、受遺者、利害関係人へ通知されます。

⑤　検認済証明書の発行

検認済証明は、その事件の番号、検認の年月日、検認済みである旨および証明年月日、家庭裁判所名が記載されて、裁判所書記官が記名押印した証明文を遺言書原本の末尾に付記し、契印する方法で行なわれます。

⑥　遺言書の返還

検認が終了したとき、申立に基づき検認済みであることの証明文を付して申立人に返還されます。

❷　自筆証書遺言の有効性の確認

⑴　全文・日付・氏名すべて自書されているか

①　作成日が2019年1月12日以前の場合

作成日が2019年1月12日以前の自筆証書遺言は、遺言者が、その全文、日付、氏名を自書し押印しなければならず、これらの要件が1つでも充足されていない場合は無効となるので、以下のような点を確認する必要があります（民法968条1項）。

民法が自筆証書遺言の要件として全文・日付・氏名の「自書」を求めている趣旨は、筆跡によって本人が書いたものであることを判定でき、それ自体で遺言が遺言者の真意に出たものであることを保障することにあります（最判昭和62・10・8民集41巻7号1471頁、金融・商事判例786号15頁）。

したがって、遺言書に遺言者の筆跡が残るような方法によるものであって、遺言書の用紙に直接遺言者が記載したものに限られます。代筆によるものはもちろんのこと、パソコン等により作成されたものやコピーされた遺言書などは、自書の要件を満たさないので無効となります。

なお、他人に運筆（字を書く時の筆の運び方）を助けてもらう程度は許容されます（前掲最判昭和62・10・8）。また、カーボン複写の方法による遺言は、カーボン紙を挟んで自書したものであり、実質的に自書に等しいので有効とされます（最判平成5・10・19金融・商事判例938号27頁）。

②　作成日が2019年1月13日以後の場合

作成日が2019年1月13日以後の自筆証書遺言の財産目録については、自

筆証書に一体のものとして添付すれば、自書することを要しません。ただし、その目録の毎葉（自書によらない記載がその両面にある場合は、その両面）に遺言者が署名し、印を押さなければなりません（民法968条2項）。

⑵ 日 付

日付は、作成時の遺言能力の有無や内容の抵触する複数の遺言の先後を確定するために必要ですので、日付を欠く遺言は無効となります。たとえば、○年○月吉日という記載は確定しないので無効となります（最判昭和54・5・31民集33巻4号445頁、金融・商事判例577号23頁）。ただし、「還暦の日」、「○年の誕生日」は確定するので認められます。

⑶ 氏 名

遺言者の氏名は、遺言者の同一性を確定するために不可欠ですが、遺言者の同一性が明らかにされればよく、通称、雅号、芸名、屋号などでも、遺言内容などから遺言者を確定できれば有効とされます（大判大正4・7・3民録21巻1176頁）。

⑷ 押 印

押印も、自書と同様に、遺言者の同一性および真意を確認するためにあります。ただし、使用印章には何ら制限はなく、三文判でも、拇印でも有効とされています（大判大正15・11・30民集5巻12号822頁、最判平成元・2・16民集43巻2号45頁）。

押印の場所については、自署の下には押印を欠くものの、当該遺言書を入れた封筒の封じ目に押印したものでも有効としたものがあります（最判平成6・6・24判例タイムズ臨時増刊913号190頁）。

また、日本に40年居住した帰化ロシア人が作成した署名はあるが押印を欠く英文の自筆証書遺言につき、遺言者のおかれた事情を考慮して有効とした判例があります（最判昭和49・12・24民集28巻10号2152頁）。

⑸ 加除・訂正

自筆証書（⑴②の財産目録を含む）中の加除その他の変更は、遺言者が、その場所を指示し、これを変更した旨を付記して特にこれに署名し、かつ変更の場所に印を押さなければ効力が生じません（民法968条3項）。

公正証書遺言の有効性の確認

預金者Aが死亡して、相続が開始しました。公正証書遺言がある場合、どのようにして同遺言書が有効な遺言書であることを確認すればよいでしょうか。

answer

公正証書遺言は、偽造・変造・隠匿のおそれがないことなどから検認手続は不要とされ、公証人が法令に従って作成することなどから、遺言無効確認訴訟等の争いのない限り、原則として有効な遺言書として扱って差支えないでしょう。

▶ **解説** explanation

❶　公正書遺言の有効性

公正証書遺言は、次の理由から、原則として有効な遺言書として扱って差支えないでしょう。

(1)　方式不備で無効となる可能性がきわめて低い

公正証書は、公証人が、次の定められた方式に従って作成するため、方式不備で無効となる可能性がきわめて低いといえます。

公正証書の作成方法は、①証人2人以上の立会いがあること、②遺言者が遺言の内容を公証人に口授すること、③遺言者および証人が筆記の正確なことを承認した後、各自これに証明し、印を押すこと、④公証人がそれに署名し、印を押すこと、とされています（民法969条）。

(2) 偽造・変造・隠匿のおそれがない

公証人が遺言者の同一性を確認し、作成された遺言書の原本は公証役場において保存されるため、偽造・変造・隠匿のおそれがありません。

(3) 意思能力の欠如が原因となって無効となる可能性が低い

公正証書遺言書作成の過程で遺言者の能力に疑義が生じ、これを確認する作業を行ったときは、後日、遺言書の有効性について訴訟等で争われた場合に備え、その際の診断書、本人の状況等を録取した書面等の証拠を証書の原本とともに保存するよう義務づけられています（法務省平12・3・13民一第634号民事局長通達）。

❷ 公正証書遺言の効力が争われている場合

公正証書遺言であっても、遺言書作成当時の遺言者に遺言能力がなかったなどとして、稀に無効とされることがあります。したがって、遺言無効確認訴訟などが提起されている場合は、当該遺言による相続預金の払戻しには応じることはできません。

遺言能力に関するもののうち、無効とされた裁判例として、遺言をした老人が遺言の当時重度の痴呆症状等があり、遺言の内容も複雑で多岐にわたることなどから、「遺言能力は認められない」として無効とされたものがあります（東京高判平成12・3・16判例時報1715号34頁）。その他、遺言能力を否定した裁判例として、横浜地裁平成18年9月15日判決（判例タイムズ1236号301頁）、東京高裁平成22年7月15日判決（判例タイムズ1336号241頁）などがあります。

これに対し、有効とされた裁判例として、遺言者は、痴呆症状のほか、終日介護を要するようになったが、普段は意識が清明であることが多く、新聞を読むことができたこと、本件遺言をした当日の遺言者の意識は清明で、公証人の人定質問にも的確に答えており、当日体調が特に悪いこともなく、遺言者の意思能力に問題はなかったこと、本件遺言の内容も遺言者の真意に合致するものであったと判断し、本件遺言を有効としたもの（和歌山地判平成6・1・21判例タイムズ860号259頁）があります。

　その他、遺言能力を肯定した裁判例として、東京高判平成10・8・28（判例タイムズ1002号247頁）、東京地判平成20・10・9（判例タイムズ1289号227頁）などがあります。

　公正証書遺言作成の方式のうち口授（民法969条2号）に関するものとして、最高裁昭和43年12月20日判決（民集22巻13号3017頁）は、公証人があらかじめ他人から聴取した遺言の内容を筆記し、公正証書用紙に清書したうえ、その内容を遺言者に読み聞かせたところ、遺言者が右遺言の内容と同趣旨を口授し、これを承認して書面に自ら署名押印したときは、公正証書による遺言の方式に違反しないとしました（民法969条の2の要件に欠けることはないとしたものとして、前掲東京地判平成20・10・9）。

　これに対し、口授を否定した事案としては、最高裁昭和51年1月16日判決は、遺言者が公証人の質問に対し言語をもって陳述することなく、単に肯定または否定の挙動を示したにすぎないときには、口授があったものとはいえないとしました（金融法務事情781号28頁。口授の要件を欠くとしたものとして、宇都宮地判平成22・3・1金融法務事情1904号136頁）。

Q 51 　遺言による遺言執行者の指定と就職の諾否

遺言書に遺言執行者の指定等があった場合、その指定された者は必ず遺言執行者になるのでしょうか。また、遺言執行者となった者の権利義務はどのようになっていますか。

A answer

遺言執行者に指定された者は、就職の諾否をすることができます。また、遺言執行者は、遺言の内容を実現するため、相続財産の管理その他遺言の執行に必要な一切の行為をする権利義務を有します。

▶ **解説** e x p l a n a t i o n

❶ 遺言執行者の指定と就職の諾否

　遺言者は、遺言で1人または数人の遺言執行者を指定することができます（民法1006条1項）。遺言者の死亡によって遺言の効力が生じると（同法985条1項）、遺言執行者に指定された者は就職の諾否をすることができ（同法1006条3項）、就職を承諾したときは、直ちにその任務を行わなければなりません（同法1007条1項）。また、遺言執行者は、その任務を開始したときは、遅滞なく、遺言の内容を相続人に通知しなければなりません（同条2項）。

❷ 相続財産目録の作成

　就職を承諾した遺言執行者は、遅滞なく、相続財産の目録を作成して、

相続人に交付しなければならず（民法1011条1項）、相続人の請求があると
きは、その立会いをもって相続財産の目録を作成し、または公証人にこれ
を作成させなければなりません（同条2項）。財産目録調製の方式について
の規定はありませんが、資産および負債をともに掲げ、調製の日付を記載
して、遺言執行者が署名するのが一般的な扱いです。

❸　遺言執行者の権利義務

　遺言執行者は、遺言の内容を実現するため、相続財産の管理その他遺言
の執行に必要な一切の行為をする権利義務を有します（民法1012条1項）。
　また、遺言執行者がある場合には、遺贈（特定遺贈または包括遺贈）の
履行は、遺言執行者のみが行うことができます（同条2項）。たとえば、預
金者Aの相続人がBしかいない場合において、Aが第三者Cに対して財産
の2分の1を包括遺贈するという遺言をし、遺言執行者を指定していた場
合、Cは預金について準共有持分2分の1を取得することになりますが、
その場合、Cは遺言執行者に対してのみ遺贈の履行（準共有持分の名義変
更手続等）を求めることができます。
　なお、遺言執行者は、善良な管理者の注意をもって、執行事務を処理す
る義務を負い、相続人等の請求があるときは、いつでも執行事務の処理の
状況を報告し、執行事務が終了した後は、遅滞なくその経過および結果を
報告しなければなりません（同条3項・644条・645条）。

Q | **52** | 遺言執行者による相続預金の払戻請求（特定遺贈または包括遺贈の場合）

特定遺贈または包括遺贈の遺言書において遺言執行者が選任されている場合、相続預金の払戻し等はどのように行えばよいでしょうか。

A answer 特定遺贈の場合は、金融機関は遺言執行者の請求に応じて払戻しをすれば、受遺者を含む全相続人との関係において免責されます。包括遺贈の場合も同様です。

▶ **解説** explanation

 特定遺贈の場合

　特定遺贈の受遺者が預金債権の遺贈について債務者（金融機関）に対抗するためには、債務者に対する通知または債務者の承諾が必要ですが、債務者に対する通知は、遺贈義務者からしなければなりません（最判昭和49・4・26民集28巻3号540頁）。

　この場合の遺贈義務者は相続人ですが、遺言執行者がいる場合は、同人のみが遺贈の履行をする遺贈義務者ですから（民法1012条2項）、同人から払戻請求があれば、遺贈義務者から金融機関に対して遺贈の通知があったことになります。また、遺言執行者は、遺言の内容を実現するため、相続財産の管理その他遺言の執行に必要な一切の行為をする権利義務を有し（同条1項）、相続人は遺言の執行を妨げる行為は禁止されていますから（同法1013条）、金融機関は、遺言執行者の払戻請求に応じることにより、受遺者

を含む全相続人との関係において免責されることになります。

　なお、遺言執行者がいない場合は、遺言内容を確認して、遺贈された預金が申出のあった受遺者に帰属することが明らかであれば、申出を受けた金融機関が、当該預金債権取得の対抗要件である承諾をして払戻しに応じる対応が考えられます。

❷　包括遺贈の場合

　包括受遺者は相続人と同一の権利義務を有するとされますが（民法990条）、包括遺贈も遺言者の意思に基づく財産処分であり、対抗要件を必要とすると解されています。また、遺言者の財産全部の包括遺贈について、最高裁平成8年1月26日判決は、特定遺贈と性質を異にするものではないとしています（民集50巻1号132頁）。

　したがって、包括遺贈の場合も特定遺贈の場合と同様に考えられ、遺言者の財産全部の包括遺贈の場合は、金融機関は遺言執行者の請求に応じて払戻しをすれば、包括受遺者を含む全相続人との関係において免責されます。

　これに対して、割合的包括遺贈の場合は、受遺者は、遺産に属する個々の財産の上に受遺分に応じた持分を有し、相続人とともに遺産を共有することになります。したがって、相続人全員の承諾がなければ、相続預金の払戻しに応じることはできません。

　なお、遺言執行者がいない場合は、割合的包括遺贈であれば、受遺者を相続人の1人として相続預金の払戻手続を行うことになります。たとえば、遺産分割協議前であれば、受遺者を含めた相続人全員の合意により払戻しに応じることができます。また、遺産分割協議後であれば、その協議内容に従って払戻しに応じることになります。

Q 53 遺言執行者による相続預金の払戻請求（「相続させる」旨の遺言の場合）

・・・

「相続させる」旨の記載のある遺言書において遺言執行者が選任されている場合、相続預金の払戻し等はどのように行えばよいでしょうか。

A *answer* 遺言執行者は、預金債権承継の対抗要件を備えるために必要な行為のほか、その預金の払戻しの請求およびその預金に係る契約の解除の申入をすることができます。ただし、解約の申入については、その預金債権の全部が特定財産承継遺言の目的である場合に限られます。

▶ **解説** explanation

❶ 「相続させる」旨の遺言の法的性質、効力等

(1) 法的性質

　特定の財産を「相続させる」旨の遺言（特定財産承継遺言）の法的性質について、判例は、遺言書の記載から、その趣旨が遺贈であることが明らかであるかまたは遺贈と解すべき特段の事情がない限り、当該遺産を受益相続人をして単独で相続させる「遺産分割の方法が指定されたもの」と解すべきであるとしています（最判平成3・4・19民集45巻4号477頁）。

(2) 法的効力（即時の権利移転効）

　特定財産承継遺言の法的効力について前記判決は、当該遺言において相

続による承継を受益相続人の意思表示にかからせたなどの特段の事情のない限り、何らの行為を要せずして、当該遺産は被相続人の死亡の時に直ちに相続により受益相続人に承継されるとしています。

❷ 共同相続における法定相続分を超える権利承継の対抗要件

　共同相続による権利の承継は、遺産の分割によるものかどうかにかかわらず、法定相続分を超える部分については、登記、登録その他の対抗要件を備えなければ、第三者に対抗することはできません（民法899条の2第1項）。

　各共同相続人は、法定相続分に相当する部分については、遺言や遺産分割協議がなくても相続開始と同時に当然に権利を取得し、登記、登録等の対抗要件を備えなくても第三者に対抗することができます。

　しかし、特定財産承継遺言や特定遺贈等によって法定相続分を超える権利を取得した受益相続人が、当該法定相続分を超える権利の取得を第三者に対抗するためには、その法定相続分を超える部分のみではなく、取得した権利の全体について登記等の対抗要件を備える必要があります。

　その権利が不動産に関する物権の場合は、当該取得した権利全体の登記、動産に関する物権であれば引渡し等、預金等の債権の場合はその取得した債権全部についての債務者（金融機関等）に対する通知または債務者の承諾（債務者以外の第三者に対しては確定日付ある証書による通知または承諾）が必要となります。

　なお、債務者の承諾については、債務者に承諾すべき法的義務はなく、債務者が任意に承諾した場合に対抗要件が具備されることになります。

❸ 預金債権の共同相続における権利承継の対抗要件

　預金債権等の債権の共同相続による承継の債務者対抗要件の具備方法は、共同相続人全員による債務者への通知または承諾（民法467条1項）が基本

です。

　しかし、預金債権を承継した受益相続人が、当該預金債権に係る遺言または遺産分割の内容を明らかにして、債務者にその承継の通知をする方法が認められており、この方法によって、共同相続人全員が債務者に通知したものとみなされ、対抗要件が具備されるものとされています（同法899条の2第2項）。なお、第三者対抗要件は、上記通知または承諾を確定日付ある証書によって行うことで具備することができます。

　また、遺言の内容を明らかにしたといえるためには、公正証書遺言の場合は同遺言書の正本または謄本、自筆証書遺言の場合はその原本のほか、検認調書謄本に添付された遺言書の写しや、遺言書保管官が発行する遺言書情報証明書等の提示が必要となります。また、遺産分割の内容を明らかにしたといえるためには、遺産分割協議書の原本等の提示が必要となります。

④ 遺言執行者による対抗要件の具備

　特定財産承継遺言があったときは、遺言執行者は、対抗要件を備えるために必要な行為（登記、登録、債権等の承継通知等）をすることができます（民法1014条2項・899条の2第1項）。

　また、当該特定財産が預金債権である場合には、遺言執行者は、預金債権承継の対抗要件を備えるために必要な行為のほか、その預金の払戻しの請求およびその預金に係る契約の解除の申入をすることができます。ただし、解約の申入れについては、その預金債権の全部が特定財産承継遺言の目的である場合に限られます（同法1014条3項）。

第3章
預金の管理

Q 54 特定財産承継遺言による相続預金に対する差押えの効力

預金者Aが死亡して相続が開始しました。Aの相続人はBおよびCの2人(法定相続分は各々2分の1)ですが、Aは、預金をBに相続させる旨の遺言(特定財産承継遺言)をし、Dを遺言執行者に指定していました。

ところが、相続開始後、当該A名義預金に対して、差押・転付命令(債権者:E、債務者:C、第三債務者:甲金融機関、請求債権:CのA名義預金の準共有持分2分の1相当の金額)が送達されました。この差押・転付命令は、認められるのでしょうか。また、Dは、Bに対する特定財産承継遺言の有効性をEに主張できないのでしょうか。

相続人の債権者による相続財産に対する権利行使(相続預金に対する差押・転付命令)であり、遺言執行者の執行を妨げる行為となりますが、有効なものとして認められます(民法1013条3項)。また、Dは、Bの法定相続分を超える部分について第三者対抗要件を備えていない場合は、特定財産承継遺言によりBが当該預金債権を取得した旨を差押債権者Eに主張することはできません。

❶ 相続債権者または相続人の債権者による権利行使の可否

　遺言執行者がいる場合には、相続債権者（被相続人の債権者）または相続人の債権者による相続財産に対する権利行使も遺言の執行を妨げる行為となりうるため、その可否が問題となります。

　この点については、遺言執行者の有無という相続人の債権者等が知り得ない事情により権利行使の有効性が左右されることがあってはならないとの考え方から、相続人の債権者等による相続財産に対する権利行使（相続財産に対する差押等の強制執行や相殺の意思表示等）を妨げない旨が定められています（民法1013条3項）。

❷ 質問の場合

　質問の場合は、相続人の債権者Eによる相続預金に対する差押・転付命令は有効なものとして認められるので、当該差押・転付命令が確定すると、差押・転付命令が第三債務者である金融機関に送達された時に遡って、券面額（請求債権額）でEに弁済されたものとみなされ、相続預金のうち当該券面額（2分の1相当の金額）についてEの預金債権が認められることになります。

　したがって、遺言執行者Dによる第三者対抗要件の具備が、差押・転付命令が送達される前になされていれば、差押債権者Eに対抗することができますが、Dによる第三者対抗要件の具備がされる前に、A名義預金に対する差押・転付命令が第三債務者である甲金融機関に送達されると、特定財産承継遺言によりDが当該預金債権を取得した旨を差押債権者Eに主張することはできなくなります。

Q 55 特定財産承継遺言における相続預金の払戻し（法定相続分を超える場合）

預金者Aが死亡して相続が開始しました。Aの相続人はBおよびCの２人（法定相続分は各々２分の１）ですが、Aは預金をBに相続させる旨の遺言（特定財産承継遺言）をしていました。相続預金の払戻し等はどのように行えばよいでしょうか。

A answer　受益相続人Bが遺言の内容を明らかにして相続預金を承継したことを金融機関に通知し、払戻請求された場合は、金融機関は、これに応じなければ履行遅滞となります。

▶ **解説** explanation

❶ 「相続させる」旨の遺言の法的性質、効力等

　特定の財産を「相続させる」旨の遺言（特定財産承継遺言）の法的性質については、Q53を参照してください。

❷ 債務者に対する対抗要件と債務者の対応

　共同相続によって承継した権利が預金等の債権の場合、法定相続分を超えて預金債権を承継した受益相続人が債務者対抗要件を具備するためには、①共同相続人による債務者（金融機関等）への通知（民法467条１項）、②債務者による承諾（同条同項）、③受益相続人が、遺言の内容（遺産分割に

より当該債権を承継した場合にあっては、当該債権に係る遺産分割の内容）を明らかにしてする債務者への通知（民法899条の2第2項、Q53・Q54参照）があります。

なお、③の遺言の内容を明らかにする方法としては、公正証書遺言書の原本または正本の提示、公証人によって作成された謄本等の提示、自筆証書遺言書保管制度を利用した場合における遺言書に係る遺言情報証明書等の提示などが考えられます。

このような通知を受け、相続預貯金の払戻請求を受けた債務者（金融機関等）は、払戻しを拒絶することはできません（拒絶すると履行遅滞となる）。

❸ 第三者に対する対抗要件

法定相続分を超えて預金債権を承継した受益相続人が第三者対抗要件を具備するためには、上記①～③の通知または承諾を確定日付ある証書によって行うことが必要です。

なお、当該遺言の効力について争いがあるなどの特段の事情がある場合は、他の相続人の同意を得るなどの慎重な対応が求められます。

Q56　被相続人が外国人の場合の相続預金の取扱い

預金者A（外国人）が死亡したため、Aの配偶者Bが来店し、A名義の定期預金の払戻しを請求しました。Aの家族には、配偶者Bのほか子Cがいます。なお、Aの父母はすでに亡くなっているとのことです。どのように対応すればよいでしょうか。

A answer

死亡した人物の国の駐日外国公館（大使館・公使館・領事館等）等に照会して手続等を確認し、駐日外国公館が発行する「死亡証明書」「相続に関する証明書」などの提出を受けて相続人を確認します。そして、相続人全員の合意のうえで預金払戻し等に応じることが原則です。相続人を確認できない場合は、「債権者不確知」による供託を検討します。

▶ **解説** explanation

❶　外国人の相続

　法の適用に関する通則法36条は「相続は、被相続人の本国法による」と定め、同法37条1項は「遺言の成立及び効力は、その成立の当時における遺言者の本国法による」と定めています。ただし、例外として「当事者の本国法によるべき場合において、その国の法に従えば日本法によるべきときは、日本法による」（同法41条）との定めがあるため、被相続人の本国法

で「相続発生時に居住していた国の法律の定めによる」旨の規定がある場合には、日本の民法に従った手続をとることになります。

外国籍の預金者が死亡した場合、相続手続の確認方法としては、死亡した人物の国の駐日外国公館（大使館・公使館・領事館等）等に照会して手続等を確認する方法と、日本に在留する外国籍の人物を支援する団体に照会する方法があります。なお、確認すべき事項としては、①相続人および相続の順位、②戸籍制度の有無、③個別の相続人が確認できるか否か、④サイン証明書の発行は可能か、などです。

❷ 外国人の場合の相続預金払戻しと供託

駐日外国公館が発行する「死亡証明書」「相続に関する証明書」などの提出を受けて相続人を確認します。相続人全員の合意のうえで預金払戻し等に応じることが原則です。

相続預金の払戻しにあたっては、できるだけ実印を押印してもらいます（在留カードがある場合は実印登録ができ、カナの印鑑でもよい）。サインによる場合は、駐日外国公館で発行されるサイン証明書の添付を求めます。相続人を確認できない場合は、「債権者不確知」による供託（民法494条）ができないか、法務局に相談してみるべきです。可能であれば、最善の策といえます（最判平成11・6・15金融・商事判例1084号38頁参照）。

（参考）供託原因としての「債権者不確知」

供託原因としての「債権者不確知」とは、たとえば、債権者が死亡し相続が開始されたものの、相続人を知り得ない場合、あるいは譲渡を受けた債権について甲と乙間でその帰属について争いがあり、いずれが真の債権者か弁済者が過失なくして知ることができない場合等をいいます。

債権者不確知というためには、①当初、特定人に帰属していた債権が変動したため、債権者を確知することができなくなったという場合で、かつ②債権者を確知できないことについて債務者に過失がないことが必要です。これに該当するかどうかは、個別の事案により、判断されることとなります。（法務省ホームページ参照）

Q 57　相続人不存在と特別縁故者への対応

預金者Aについて相続が開始しました。民生委員によると、Aには身寄りはなく、病気がちであり、1年間入院して治療を受けたあと病院で死亡しましたが、入院中を含め最後の5年間、隣人のBが親身になって世話をしていたとのことです。Aの遺言はなく、戸籍上、Aの相続人は見当たらないとのことです。この場合、Aの預金は誰に帰属するのでしょうか。

A answer　相続人不存在となれば、相続財産は法人とみなされ、相続財産管理人が選任されます。相続財産管理人が相続預金の払戻しを求めてきたときは、管理人に対して、家庭裁判所の許可を受けることを求めるべきです。また、Bが特別縁故者として相続財産の分与を得るためには、家庭裁判所への手続が必要です。

▶ **解説** explanation

❶ 相続人不存在と相続財産法人の成立

　戸籍上、Aの配偶者や直系卑属（Aの子や孫など）、直系尊属（Aの父母など）、Aの兄弟姉妹とその直系卑属（Aのおい・めい）も見当たらず、相続人のあることが明らかでないときは、民法上、相続人不存在の状態となります。

　相続人不存在の場合、Aの相続財産は何らの手続を要せず当然に、法人

になります（民法951条）。つまり、Aの相続財産が特殊な財団法人とみなされるわけですが、被相続人Aに属した権利義務は、Aの死亡と同時に当該相続財産法人が承継したことになります。

　なお、相続人のあることが明らかであるものの、同人の行方や生死が不明である場合は、相続人不存在ではないので、不在者の財産管理（同法25条～29条）または失踪宣告（同法30条～32条）の手続をとります。

❷　相続財産の清算等

(1)　相続財産管理人の選任と同人による相続財産の清算等

　相続人不存在の場合、利害関係人または検察官の請求により、家庭裁判所によって相続財産管理人が選任され（民法952条1項）、その旨が家庭裁判所によって公告されます（同条2項）。同人が相続財産を管理し、被相続人の債権者に債権届出をさせ、相続財産を競売に付して換価し、配当するとともに、相続人捜索の手続を行います（同法957条・958条）。

(2)　相続財産法人の不成立

　相続人のあることが明らかになったときは、相続財産法人は存在しなかったものとみなされますが（同法955条本文）、それまでの間に、取引をした第三者の権利を害することのないように、相続財産管理人がその権限内でした行為の効力は失われません（同条ただし書）。

　また、相続財産管理人の代理権は、相続人が相続の承認をした時に消滅し（同法956条1項）、この場合は、相続財産管理人は、遅滞なく相続人に対して管理の計算をしなければなりません（同条2項）。

❸　権利を主張する者がいない場合と特別縁故者への財産の分与

(1)　相続人の捜索の公告と権利を主張する者がいない場合

　相続財産管理人を選任した旨の家庭裁判所による公告があった後、2か月以内に相続人のあることが明らかにならなかったときは、相続財産管理人は、遅滞なく、すべての相続債権者および受遺者に対し、2か月以上の

一定の期間内にその請求の申出をすべき旨を公告しなければなりません（民法957条1項）。

以上の債権の請求の申出をすべき期間満了後、なお相続人のあることが明らかでない場合は、家庭裁判所は、相続財産管理人または検察官の請求によって、相続人があるならば6か月以上の一定の期間内にその権利を主張すべき旨の公告をしなければなりません（同法958条）。

そして、この6か月以上の一定の期間（公告期間）内に相続人として権利を主張する者がないときは、相続人ならびに相続財産管理人に知れなかった相続債権者および受遺者は、その権利を行使することができなくなります（同法958条の2）。

(2) 特別縁故者への財産の分与

相続債権者および受遺者が、民法958条の2の規定によりその権利を行使することができなくなると、残余財産は相続されないことになるので、家庭裁判所は、Aと生計を同じくしていた者、Aの療養看護に努めた者、その他Aと特別の縁故があった者からの請求があれば、これらの者に清算後残存すべき相続財産の全部または一部を与えることができます。

この請求は、最後の相続人捜索の公告期間の満了後3か月内にしなければなりません（民法958条の3）。特別縁故者は、相続財産法人からの無償贈与により相続財産を取得することになり、残余の相続財産は国庫に帰属します（同法959条）。

④ 質問の場合

相続財産管理人が金融機関に相続預金の払戻しを求めてきたときは、管理人に対して、家庭裁判所の許可を受けることを求めるべきです。また、裁判所が許可事項ではないと判断するのであれば、相続財産管理人から、この間の事情を説明した念書を徴求して支払うべきです。

また、BがAの預金通帳・証書・届出印章を持って、直接金融機関の窓口にやってきた場合、安易にBの事情説明を信用するのではなく、家庭裁判所に対して特別縁故者の分与手続をとるように求める必要があります。

Q 58 相続人以外の者への包括遺贈

預金者Aが死亡し相続が開始しました。Aには、相続人は存在しませんが、相続財産全部をBに遺贈する旨の遺言をしており、遺言執行者として選任されたCが来店し、A名義の預金全部の払戻しを請求されました。このまま払戻請求に応じてもよいのでしょうか。

A answer 金融機関は、相続人不存在の場合の手続ではなく、来店した遺言執行者CにAの相続預金の払戻しを行えばよいことになります。

▶ **解説** explanation

❶ 相続財産全部につき包括受遺者が存在する場合

　質問の場合のように、死亡した者に相続人は存在しないものの、相続財産全部につき包括受遺者が存在する場合であっても、民法951条にいう「相続人のあることが明らかでないとき」に当たるのかどうかという問題があります。

　この点について、学説は肯定説・否定説に分かれていますが、多数説は、死亡した者に相続人は存在しないが相続財産全部につき包括受遺者が存在するという場合は、民法951条にいう「相続人のあることが明らかでないとき」には当たらないと解しています。

　最高裁は、この否定説を採用しています。その理由として、「民法951条

から959条までの同法第5編第6章の規定は、相続財産の帰属すべき者が明らかでない場合におけるその管理、清算等の方法を定めたものであるところ、包括受遺者は、相続人と同一の権利義務を有し（同法990条）、遺言者の死亡の時から原則として同人の財産に属した一切の権利義務を承継するのであって、相続財産全部の包括受遺者が存在する場合には前記各規定による諸手続を行わせる必要はないからである。」と述べています（最判平成9・9・12金融・商事判例1033号21頁）。

❷ 質問の場合

　質問の場合、金融機関は、来店した遺言執行者CにAの相続預金の払戻しを行えばよいことになります。なお、遺言執行者がある場合には、遺贈の履行は、遺言執行者のみが行うことができます（民法1012条2項）。つまり、受遺者Bは、遺贈の履行を遺言執行者Cのみに請求することができます。

Q 59 相続人の１人による相続預金の残高照会・取引経過開示請求

預金者Aについて相続が開始し、共同相続人（配偶者Bと子C・D）の１人Cから、Aの相続預金の残高証明書の発行依頼と預金取引履歴の開示請求がありました。どのように対応すればよいでしょうか。

A answer 残高証明書および取引履歴の開示請求については、請求者が相続人であることが確認できれば、これに応じる義務があります。

▶ **解説** explanation

❶ 相続預金の残高照会

　相続人は、自己のために相続開始があったことを知った時から３か月以内に、単純承認または相続放棄や限定承認を決めなければなりませんが（民法915条１項）、相続人は、相続財産が債務超過の状態となっていないかを調査するため、相続預金について残高証明書の発行依頼を行うことがあります。

　このような申出があった場合は、相続人には被相続人の相続財産を調査することが認められているので、共同相続人の１人からの残高証明書の発行依頼であった場合、金融機関はこれに応じる義務があり、発行したからといって守秘義務違反を問われることはありません。

136

❷　相続預金の取引履歴の開示請求

　この点につき最高裁は、預金契約には委任契約や準委任契約の性質を有する事務も含まれることから、預金取引履歴の開示は委任事務の処理状況の報告として、金融機関は預金者に対しての義務を負い、その預金が相続された場合、当該預金の共同相続人の1人は、預金債権の一部を相続するだけでなく、共同相続人全員に帰属する預金契約上の地位に基づき、被相続人の当該預金口座についてその預金取引履歴の開示を求める権利を単独で行使できるとしています（最判平成21・1・22金融・商事判例1314号32頁）。

　したがって、遺産分割協議前に共同相続人の1人が単独で取引履歴の開示請求をしてきた場合でも、金融機関はこれに応じる義務があります。

❸　その他の開示請求等の場合

⑴　個々の払戻請求書の開示請求

　個々の払戻請求書の開示請求があった場合は、取引履歴の開示とはいえないので拒絶することで差支えないでしょう。また、文書保存期間を経過する開示請求があった場合についても、同様と考えられます。

⑵　解約済みであった預金の取引履歴開示請求

　相続開始前にすでに解約されていた預金について相続開始後に取引履歴開示請求がなされた場合につき、判例は、原則として開示義務を負わないとしています（東京高判平成23・8・3金融法務事情1935号118頁）。

⑶　開示請求者の相続権に疑義がある場合

　遺言や遺産分割協議によって当該対象預金を相続しない相続人から開示請求があった場合、当該相続人の開示請求の理由が、遺留分侵害額請求権の行使を検討するためであり、あるいは遺産分割協議をやり直すことを検討するためである場合は、開示請求に応じても差支えないと考えられます。しかし、相続放棄の申述を行い受理された者による開示請求の場合は、応じることはできません。

Q 60 普通預金の相続①（被相続人口座からの公共料金の引落し）

預金者Aが死亡して、相続が開始しました。Aとは普通預金取引および公共料金の自動引落し契約があります。Aの相続人は、配偶者Bと子C・Dとなっています。どのように対応すればよいでしょうか。

A answer

公共料金の口座振替はできなくなることを伝え、引落口座の変更手続をとるよう依頼します。また、相続人の同意が得られれば、A名義の普通預金口座からの引落しを継続することは可能ですが、できるだけ早期に引落口座の変更を行うよう依頼すべきです。

▶ **解説** explanation

❶ 預金者の死亡と口座引落し契約の効力

預金者Aが自己の公共料金等の自動支払のためにする口座引落し契約は、Aを委任者、金融機関を受任者とする委任契約ですから、委任者Aの死亡または破産によって終了します（民法653条）。また、口座引落しのうち、預金者（委任者）自身の公共料金や税金、クレジット代金などの支払のための口座引落しは、もっぱら預金者（委任者）の利益のための委任であり、預金者による一方的な委任の解除が認められ、預金者の死亡によって当然に終了します。

❷　預金者死亡後の自動引落しの効力

　預金者の死亡後は自動引落しをしない旨の特約があるなどの特別な事情のない限り、預金者の死亡後であっても、金融機関は事務管理として自動引落しを有効に行うことができるとした裁判例があります（注：東京地判平成10・6・12金融・商事判例1056号26頁）。

❸　質問の場合の対応

　質問のような場合は、あらかじめ相続人に対して自動引落しは停止されるので、当該公共料金の納付請求書が後日送付されることを伝えるとともに、速やかに公共サービスの契約名義人をAから相続人に変更してもらい、当該相続人名義の普通預金口座による自動引落しに変更するよう依頼すべきでしょう。

　また、B・C・D全員の同意が得られれば、自動引落し継続の取扱いをすることは可能ですし、子C・Dが未成年者の場合は、Bのみの同意により自動引落し継続の取扱いにすることができます。ただし、このようなA名義での自動引落しをいつまでも継続することは好ましくないので、速やかに公共サービスの契約名義人をAからBなどに変更してもらい、当該名義人の普通預金口座による自動振替に変更すべきです。

　（注）東京地裁平成10年6月12日判決要旨「預金者が生前に税金の支払に関する自動振替の委任契約を締結し、預金者の死後に委任契約に基づき預金の引落しが行われた場合について、引落しは、委任者（預金者）の死亡後に行われたものであるが、委任者と銀行との間の自動振替の委任契約に基づく裁量の余地のない実行行為であるから、委任者の死亡後は引落しをしない旨の特約があるなどの特別の事情がない限り、委任者の死亡後にも事務管理として行いうる行為であり、特段の事情の認められない本件においては、引落しは、有効であると解するのが相当である」

第3章　預金の管理

Q 61 普通預金の相続②（預金者の死亡後に振り込まれた家賃の帰属）

アパートの所有者Aが死亡し、相続人は配偶者Bと子C・Dとなっています。A名義の普通預金口座へ家賃の振込がありましたが、どのように対応すればよいでしょうか。

A answer

A名義の普通預金口座への家賃の振込を受け入れることは可能ですが、実務上は仕向金融機関の指示に従って処理するのが無難と考えられます。

▶ 解説 explanation

❶ 被相続人の口座へ家賃の振込があった場合の対応策

　普通預金の相続の場合、Aが死亡しても預金者としての地位はB・C・Dに承継されるので、金融機関は、Aの死亡後にアパートの家賃が振り込まれた場合、当該振込金を普通預金に入金しても原則として問題はありません。ただし、相続が開始した以上、指定された受取人名義の口座であっても、実は相続人名義の預金ですから、後日、紛争が生ずる可能性がまったくないとはいえません。

　また、被仕向金融機関が仕向金融機関に対して負担している委任契約上の善管注意義務の関係からも、仕向金融機関経由で振込依頼人（アパートの賃借人）の意思（受取人死亡にかかわらず振込を継続するか否か）を確

認し、仕向金融機関の指示に従って処理するのが無難と考えられます。

❷ 遺産分割協議によるアパートの相続と分割協議が調うまでの家賃の帰属

　Aの死亡後に振り込まれる家賃は遺産ではありませんので、相続開始時の預金残高は相続人と協議のうえ、相続預金として別段預金などに分別保管し、その後に振り込まれる家賃と混同しないようにすることが望ましいでしょう。

　また、相続開始後から遺産分割協議が調うまでの間に振り込まれる家賃については、各共同相続人が共同相続した賃貸住宅の各法定相続分に応じて分割単独債権として確定的に取得し、その後にされた遺産分割の影響を受けません（最判平成17・9・8民集59巻7号1931頁）。

　たとえば、遺産分割協議において共同相続人の1人Bの単独所有とすることで合意し、相続開始時に遡ってアパートの所有権を取得したとしても、相続開始後かつ遺産分割協議が調うまでに発生した家賃は、相続開始時に遡って当該相続人Bのみに帰属するのではなく、B・C・Dが相続開始時の各法定相続分に応じて、それぞれ分割単独債権として確定的に取得します。

Q 62 普通預金の相続③（アパートローン自動返済口座先の死亡）

アパートローン貸出先Aが死亡し、相続人は配偶者Bと子C・Dとなっています。同ローンの返済口座であるA名義の普通預金口座から約定返済元利金を回収するため、引き続き自動引落しをすることは可能でしょうか。

A answer
A名義の普通預金口座に家賃を受け入れるとともに、アパートローン約定返済のための自動引落しを行うことは可能ですが、実務上は相続人の同意を得るようにします。

▶ **解説** explanation

 アパートローン等契約書上の自動引落し条項の効力

アパートローン等の金銭消費貸借契約の場合、

① 債務者は、この契約に基づき負担する債務を返済するため、約定返済額以上の金額を約定返済日の前日までに指定預金口座に入金する

② 金融機関は約定返済日に自動引落しのうえ、この債務の返済に充当することができる

との自動引落し条項が明記されていることが多くなっています。

この条項は、金融機関の債権回収の便宜等を主たる目的とするものであ

り、Aの委託のみによる条項ではないことから、Aにより一方的に解除できるものではないし、相続人は、この条項を含む金銭消費貸借契約に基づくアパートローン債務を承継することなどから、Aの死亡によっても、自動引落し契約が当然に終了するものではないと考えられます。

　したがって、Aの死亡後においても指定口座の残高を限度に事務処理（自動振替）を継続できるものと考えられます。

❷ 遺産分割協議が調うまでのアパートローンの帰属と自動引落しの可否

　アパートローンについて、共同相続人および金融機関との間で、相続人Bのみが承継することで合意したとしても、相続開始時から当該合意が調うまでの間は、共同相続人B・C・Dが相続開始時に各法定相続分に応じて分割承継した状態が継続されます。

　したがって、B・C・Dが共同相続したAの自動振替口座に、共同相続人が相続開始時の各法定相続分に応じてそれぞれ分割単独債権として確定的に取得した家賃を受け入れて、同じく共同相続したアパートローンの約定返済に充当することは何ら差支えないものと考えられます。

　ただし、相続開始後にA名義の返済口座に引き続き家賃を受け入れて、約定返済の自動引落しを継続する扱いについては、後日のトラブル回避のため必ず共同相続人全員の承諾を得るようにします。そして、当該アパートおよびアパートローンをBのみが承継するとの合意が相続人間で成立し、Bのみがアパートローンの債務者となることについて金融機関が同意した場合は、金融機関とB・C・D間の債務引受契約などを経て、B名義の指定口座による自動引落し契約を締結するようにします。

Q 63 遺産分割協議後に胎児の存在が判明した場合

預金者Aが死亡して相続が開始し、相続人間（配偶者Bと子C）の遺産分割協議による相続預金の払戻しに応じましたが、後日、相続開始時に胎児（出生後のD）が存在することが判明しました。遺産分割協議の効力はどうなるのでしょうか。

A answer 胎児を除いた遺産分割協議は無効となります。ただし、無効な遺産分割協議による相続預金の払戻しであっても、金融機関が胎児の存在を知らず、かつ知らなかったことに過失がなかった場合は、「受領権者としての外観を有する者に対する弁済」として効力が認められます。

▶ **解説** explanation

① 胎児を除く遺産分割協議の効力

　遺産分割は共同相続人の協議によるのが原則となっています（民法907条1項）。つまり、共同相続人「全員」の協議によらなければならず、共同相続人の1人でも欠ける遺産分割協議は無効となります。

　権利義務の主体となるために必要とされる権利能力は、出生によって備わりますが（民法3条）、胎児は、相続に関してはすでに生まれたものとみなされ権利能力が認められるため（同法886条1項）、死産とならない限り

相続開始の時に相続人としての資格が与えられます（同条２項）。したがって、胎児を除いた遺産分割協議がなされ、その胎児が出生した場合は、当該遺産分割協議は無効となると解されます。

❷ 無効な遺産分割協議に基づく相続預金の払戻しの効力

　相続開始時には胎児であった者（出生後のＤ）を除く遺産分割協議（つまり、無効な遺産分割協議）に基づき、金融機関が相続預金の払戻しに応じた場合、当該払戻しが有効とされるためには、民法478条が定める「受領権者としての外観を有する者に対する弁済」として認められるかどうかが問題となります。

　すなわち、胎児を除く無効な遺産分割協議に基づく相続預金の払戻しであっても、金融機関が胎児の存在を知らず、かつ知らなかったことに過失がなかった場合は、「受領権者としての外観を有する者に対する弁済」として効力が認められます。

第3章

預金の管理

Q 64 遺産分割協議後に認知による相続人が判明した場合

預金者Aが死亡して相続が開始し、相続人間（配偶者Bと子C）の遺産分割協議による相続預金の払戻しに応じましたが、後日、嫡出でない子Dについて死後認知の訴えが認められたことが判明しました。金融機関の払戻しや遺産分割協議の効力はどうなるのでしょうか。

A answer

非嫡出子Dの死後認知が認められた場合でも遺産分割協議は無効とはならないので、当該協議による相続預金の払戻しの効力に何ら影響はありません。ただし、他の共同相続人は、Dに対しては、支払請求された時を基準に算定した遺産の価額の支払義務を負います。

▶ **解説** explanation

❶ 相続開始後の認知と認知前の遺産分割の効力

　嫡出でない子は、父または母が認知することができます（民法779条）。一方、子、その直系卑属またはこれらの者の法定代理人は、認知の訴えを提起することができますが、父又は母の死亡の日から3年を経過したときは、提起することはできません（同法787条）。したがって、相続開始後3年を経過する前にDが訴えを提起して認知が認められた場合、認知は出生

の時に遡ってその効力を生ずるので（同法784条）、Dが被相続人Aの相続人となります。

　そこで、当該認知の前にDを除く相続人間で遺産分割協議が成立していた場合、当該協議の効力が問題になりますが、相続の開始後認知によって相続人となったDが遺産の分割を請求しようとする場合において、他の共同相続人がすでに分割その他の処分をしたときは、Dは価額のみによる支払の請求権を有するものとされています（同法910条）。したがって、当該遺産分割協議が無効となることはなく、当該協議による相続預金の払戻しの効力に何ら影響はありません。

❷ 遺産の価額算定の基準等

　Dが支払請求できる遺産の価額算定の基準時は、価額の支払を請求した時とされています（最判平成28・2・26金融・商事判例1493号14頁）。また、支払われるべき価額は、分割等の対象とされた遺産の価額を基礎として算定されます。

Q 65 遺産分割協議後に遺言が発見された場合

預金者Aが死亡して相続が開始し、相続人間（配偶者Bと子C・D）の遺産分割協議（預金は配偶者Bが全額相続する）に基づき払戻しに応じました。ところが後日、被相続人Aの遺言が発見され、預金は子CおよびDに各２分の１を相続させる旨が記載されていることが判明しました。払戻しや遺産分割協議の効力はどうなるでしょうか。

A answer 遺言の存在を知らずに遺産分割協議を行ったものの、後日、共同相続人の１人から遺言に反する協議であったとして錯誤無効を主張され当該協議が無効となった場合でも、遺言の存在を知らないことにつき善意・無過失であった金融機関は、すでに行った遺産分割協議による相続預金の払戻しについて、「受領権者としての外観を有する者に対する弁済」としての効力を主張することができます。

▶ **解説** explanation

 遺言の存在を知らずにした遺産分割協議の効力

　遺産分割協議は、各共同相続人の意思表示によって行われるので、その意思表示が錯誤や詐欺によるものであった場合は、各共同相続人はその無

効や取消しを主張できることになります。

　たとえば、特定の遺産につき分割方法を定めた遺言の存在を知らないでなされた遺産分割協議に要素の錯誤がないとはいえないとされた判例があります（最判平成5・12・16金融・商事判例945号14頁）。すなわち、同判例は要旨「特定の土地につきおおよその面積と位置を示して分割したうえ、それぞれ相続人甲、乙、丙に相続させる趣旨の分割方法を定めた遺言が存在したのに、相続人丁が右土地全部を相続する旨の遺産分割協議がなされた場合において、相続人の全員が右遺言の存在を知らなかったなど判示の事実関係の下においては、甲のした遺産分割協議の意思表示に要素の錯誤がないとはいえない。」としています。

❷ 無効な遺産分割協議による相続預金の払戻しの効力

　遺言の存在を知らずに遺産分割協議を行ったものの、後日、共同相続人の1人から遺言に反する協議であったとして錯誤による取消しを主張され当該協議が無効となった場合、当該相続預金の払戻しの効力が問題となります。

　この点については、遺言の存在を知らないことにつき善意・無過失であった金融機関は、すでに行った遺産分割協議による相続預金の払戻しについて、「受領権者としての外観を有する者に対する弁済」としての効力を主張することができます。

Q 66 当座勘定取引先の相続開始と生前振出小切手の支払

当座勘定取引先Aが死亡して相続が開始しました。Aの相続人は配偶者Bと子C・Dとなっています。Aが生前に振り出した小切手が支払呈示された場合、どのように対応すればよいでしょうか。

A answer

支払呈示（電子交換所でのイメージデータによる支払呈示を含む）された小切手については、「振出人等の死亡」（0号不渡事由）により不渡返還するか、あるいは、相続人の同意を得たうえで、当座預金残高の範囲内で支払うことも可能です。

▶ **解説** explanation

❶ 当座勘定取引の性質と相続開始による終了

当座勘定取引の法的性質について通説は、金銭の消費寄託契約と手形・小切手の支払についての支払委託契約とが結合したものと解しており、委託者の死亡により終了します（民法653条1号）。

❷ 当座勘定取引先の死亡を知らなかった場合

民法655条は、「委任の終了事由は、これを相手方に通知したとき、又は相手方がこれを知っていたときでなければ、これをもってその相手方に対抗することができない」と定めているので、金融機関が、当座勘定取引先

の死亡について過失なく知らない場合は、支払呈示された手形や小切手を支払っても問題になることはありません。

❸ 当座勘定取引先の死亡を知った場合の対応

⑴ 「振出人等の死亡」を事由とする不渡返還

金融機関がAの死亡を知った場合や、Aの死亡が公知の場合に、Aが振り出した手形や小切手が支払呈示（電子交換所でのイメージデータによる支払呈示を含む）された場合、これを不渡返還する場合の不渡事由は、当座勘定取引の委託者死亡による当然終了に伴う「取引なし」（1号不渡事由）と、「振出人等の死亡」（0号不渡事由）が重複します。この場合は、電子交換所規則上は「振出人等の死亡」を不渡事由とし、電子交換所システムへの不渡情報登録は行わないことになります。

また、当座勘定規定は、取引が終了した場合、終了前に振り出された手形・小切手であっても支払義務を負わない旨を定めていますが、これは委任事務終了後の金融機関の善処義務の免除を受けるため規定であり、相続人全員の同意が得られれば、当座勘定の残高の範囲内で手形・小切手を支払うことも差支えないと考えられます。

⑵ 金融機関の支払権限に基づく支払

小切手法33条は、「振出ノ後振出人ガ死亡シ又ハ能力ヲ失フモ小切手ノ効力ニ影響ヲ及ボスコトナシ」と定めていますが、振出人の死亡後においても支払人である金融機関は、その小切手を支払うことにより、その結果を相続人の計算に帰せしめることができると解されています。

つまり、金融機関は、委託者Aの死亡により支払委託契約上の支払義務を負わないことになりますが、小切手法33条により支払権限は有するので、Aの死亡後に支払呈示された手形や小切手を有効に支払うことができます。

なお、前掲の当座勘定規定の定めは、委任事務終了後の金融機関の善処義務の免除を受けることに目的があり、小切手法33条による支払権限までも否定する趣旨ではないと解されます。

Q 67 被相続人の普通預金口座への振込入金

預金者Aが死亡して、相続が開始しました。相続開始後に振込があった場合、どのように対応すべきでしょうか。

A answer 被仕向金融機関が仕向金融機関に対して負担している委任契約上の善管注意義務の関係からも、仕向金融機関経由で依頼人の意思を確認し、その指示に従って処理するのが無難と考えられます。

▶ **解説** explanation

❶ 普通預金の相続開始と相続人の地位

　普通預金規定には、第三者からの口座振込があった場合は、金融機関は普通預金として受け入れる旨の規定があります。普通預金は、何回でも、いくらでも入出金でき、残高がゼロになっても解約しない限り口座は存続し、預金者が死亡しても当然に解約とはなりません。また、普通預金契約は一身専属的契約ではないので、相続人は、預金残高を相続するとともに普通預金者としての地位も相続します。

❷ 相続開始後に振込があった場合

　相続開始後に普通預金に振込があったときは、被仕向金融機関は、普通預金規定に従い、原則として当該振込金を預金として受け入れる義務があり、入金の失念等により受取人に損害が発生した場合は、預金契約上の債

務不履行責任を負うことになります。

　この被仕向金融機関と受取人（預金者）との関係は、預金者が死亡しても相続人に承継されるので、金融機関は、預金者死亡後であっても振込金を普通預金に入金しても原則として問題はありません。ただし、相続が開始した以上、指定された受取人名義の口座であっても、実は相続人名義の預金ですから、後日の紛争が生ずる可能性がまったくないとはいえません。

　また、被仕向金融機関は、仕向金融機関に対して委任契約上の善管注意義務を負っており、さらに仕向金融機関は振込依頼人に対し善管注意義務を負担しています。振込依頼人は、受取人死亡を知った場合、なお振込を完了させたい場合（家賃の振込の場合など）や振込を取り消したい場合（前払金の場合など）があるでしょうから、被仕向金融機関としては、委任契約上の善管注意義務の関係からも、仕向金融機関経由で依頼人の意思を確認し、その指示に従って処理するのが無難と考えられます。

Q 68 被相続人の当座預金口座への振込入金

当座勘定取引先Ａの死亡後に振込があった場合、どのように対応すべきでしょうか。

A answer

「該当口座なし」として返金する扱いが原則ですが、念のため、仕向金融機関に照会し、振込人の意思を確認し、その指示に従い処理するのが無難です。

▶ 解説 explanation

❶ 当座預金者の相続開始と相続人の地位

当座勘定取引は、取引先の死亡により当然に終了するため、相続人は、当座預金者としての地位を承継することはできません。

❷ 相続開始後に振込があった場合

当座勘定規定は、第三者からの振込金を預金として受け入れる旨を規定していますが、上記のとおり、当座勘定取引は取引先の死亡により当然に終了し、同時に当座預金も原則として解約されることになります。したがって、当座預金への振込があったときは、「該当口座なし」として返金する対応が原則となります。

ただし、被仕向金融機関が仕向金融機関に対して負担している善管注意義務の観点からも、仕向金融機関に照会し、振込人の意思を確認し、その指示に従い処理するのが無難です。

Q 69 年金受入口座の預金者の相続開始

預金者Aは年金受給者であり、普通預金は年金受入口座となっていますが、Aが死亡し相続が開始しました。金融機関はどのように対応すべきでしょうか。

Aの死亡を知った時に直ちに年金受入口座の支払停止措置等を行い、その後に振り込まれた年金については、年金受給者死亡を理由に返金します。また、遺族には、事案に応じたその後の対応を説明します。

▶ **解説** explanation

① 年金受給者の死亡と年金受給権

年金受給者が死亡すると、年金受給権がなくなります。ただし、年金は、偶数月の15日にその前の2か月分が支給される（つまり後払）ため、死亡した受給権者本人は、死亡した月の分まで受給権があります。

たとえば、Aが6月に死亡した場合は、6月分まで受給権がありますが、6月15日にその前2か月分が振り込まれ受給していた場合は、未支給分は6月分のみとなり、Aと生計を同じくしていた遺族が当該未支給年金を受け取ることができます。ただし、受け取る権利のある遺族は、Aが亡くなった当時、Aと生計を同じくしていた、①配偶者、②子、③父母、④孫、⑤祖父母、⑥兄弟姉妹、⑦その他①～⑥以外の3親等内の親族であり、未支給年金を受け取れる順位もこのとおりです。

なお、Aが死亡した場合は、年金事務所等に対し「死亡届」の提出が必

要です。ただし、Aにつき日本年金機構に住民票コードが収録されている場合は、原則として「死亡届」を省略できます。ただし、未支給年金の届出などは必要です。死亡届が必要な場合は、10日（国民年金は14日）以内に「死亡届」に死亡年月日、年金証書に記載されている基礎年金番号と年金コード、生年月日などを記入し、Aの年金証書と、死亡を明らかにすることができる書類（戸籍抄本または住民票の除票など）を添えて、年金事務所または街の年金相談センターに提出します。

❷ 金融機関の対応

　金融機関は、預金者Aの死亡を確認できた場合は、直ちに年金受入口座等について支払停止等の措置をとります。たとえば、Aが6月に死亡し、6月15日までに支払停止等の措置をとった場合は、15日に振り込まれた年金については年金受給者死亡を理由に返金します。

　この場合の未支給年金は4月分から6月分までの3か月分となり、遺族は、年金事務所等に「死亡届」と「未支給年金請求書」を提出すれば受け取ることができます。

　しかし、金融機関が、Aが6月に死亡したことを知らず、遺族から年金事務所等に「死亡届」もしなかったことから、6月15日の支給に続き、8月15日にも6月分と7月分の年金が支給された場合、7月分は過払いとなるので、年金事務所等から遺族に対して過払分の返還請求がされます。金融機関は、遺族に対して、以上のような事案に応じた対応を伝えます。

Q 70 　貸越金残高のある総合口座取引先の相続開始

貸越金残高のある総合口座取引先Ａが死亡し、相続が開始しました。相続人は配偶者Ｂと子Ｃ・Ｄとなっています。金融機関としては、どのように対応すべきでしょうか。

 A answer　貸越元利金が多額の場合は、相続開始後の貸越金に対する遅延損害金の負担を軽減するため、相続開始後速やかに払戻充当の方法によって債権債務の差引計算処理を行い、払戻充当を行った旨を相続人に通知する方法が考えられます。

▶ **解説** explanation

❶　貸越元利金の即時支払事由

　総合口座取引規定ひな型12条は、貸越元利金の即時支払事由を定めています。同条１項は、金融機関からの請求がなくても当然に貸越元利金の弁済義務を負う場合として、①支払停止または破産、民事再生手続開始の申立があったとき、②相続の開始があったとき、③貸越金利息の元本組入れにより極度額を超えたまま６か月を経過したとき、④所在不明となったとき、と規定しています。したがって、口座名義人Ａが死亡したときは、すでに発生している貸越元利金は、Ａの死亡の時に支払期限が当然に到来します。

❷ 貸越元利金の相殺等による回収と残余担保定期預金の相続処理

　支払期限が到来した貸越元利金については、相続人（配偶者Ｂと子Ｃ・Ｄ）がＡ死亡の時に分割承継し、即時支払義務を負担します。そして、金融機関は、相続人が承継した担保定期預金が満期未到来でも貸越元利金と相殺して回収することができます（総合口座取引規定ひな型14条１項１号前段）。

　また、相殺できる場合は、事前の通知および所定の手続を省略し、この取引の担保定期預金を払い戻し、貸越元利金等の弁済に充てることもできます（同規定ひな型14条１項１号後段）。なお、相殺等をする場合、債権・債務の利息および損害金の計算については、その期間を計算実行の日までとし、担保定期預金の利率はその約定利率によって計算することになります（同規定ひな型14条２項）。

　そこで、貸越元利金が多額の場合は、相続開始後の貸越金に対する遅延損害金の負担を軽減するため、相続開始後速やかに払戻充当の方法（同規定ひな型14条１項１号後段）によって債権・債務の差引計算処理を行い、払戻充当を行った旨を相続人に通知する方法が考えられます。また、貸越元利金が少額であり、その金額に見合う担保定期預金がない場合は、差引計算は相続人の同意を得て行う方法でも差支えないものと考えられます。

　たとえば、貸越残高が１万円で担保定期預金が100万円の場合に、100万円を解約して１万円を回収し、99万円を普通預金に残す扱いが相続人の意向に沿うものか疑問があるためです。

　なお、いずれの場合も、貸越元利金を回収した残余の担保定期預金は相続預金ですから、相続手続に従って処理します。

71 投資信託受益権の償還金等の法定相続分支払の可否

取引先Aが死亡し、Aの委託者指図型投資信託の受益権につき共同相続された後、その収益分配金と元本償還金が発生して、預かり金としてA名義の預金口座に入金されました。Aの共同相続人の1人Bから、当該預かり金債権のうち、Bの法定相続分に相当する金員の支払を請求されました。この申出に応じることは可能でしょうか。

A answer

A名義の口座に入金されたことによる預かり金返還請求権は、当然に相続分に応じて分割されることはなく、Bは、その相続分に相当する金員の支払を請求することはできません（判例）。したがって、他の共同相続人の同意が得られない限り、Bの申出に応じることはできません。

▶ **解説** explanation

❶ 委託者指図型投資信託の受益権は当然に分割承継されるか

委託者指図型投資信託の受益権は当然に分割承継されるか否かについて、最高裁平成26年2月25日判決は、委託者指図型投資信託（投資信託及び投資法人に関する法律2条1項）の受益権は、口数を単位とするものである

が、その内容として、法令上、償還金請求権および収益分配請求権（同法6条3項）という金銭支払請求権のほか、信託財産に関する帳簿書類の閲覧または謄写の請求権（同法15条2項）等の委託者に対する監督的機能を有する権利など可分給付を目的とする権利でないものが含まれており、このような権利の内容および性質に照らせば、共同相続された前記投資信託受益権は、相続開始と同時に当然に相続分に応じて分割されることはないとしています（民集68巻2号173頁）。

したがって、委託者指図型投資信託受益権の共同相続人Bは、当該受益権の共有持分の分割請求を求めることはできません。

❷ 「本件預かり金債権」の法定相続分支払の可否

上記のように、相続開始時点の本件投資信託受益権は当然に相続分に応じて分割されませんが、Aの死亡後に元本償還金等がA名義口座に入金された時に当該受益権が消滅し、本件預かり金債権に転化しているのではないかと解される余地があります。そうであれば、本件預かり金債権は可分債権であり、共同相続人Bが分割承継したものとして、その相続分の払戻請求ができる余地があります。

しかし、最高裁平成26年12月12日判決は、前掲平成26年2月25日判決を引用したうえで、元本償還金または収益分配金の交付を受ける権利は委託者指図型投資信託受益権の内容を構成するものであるから、共同相続された前記受益権につき、相続開始後に元本償還金または収益分配金が発生し、それが預かり金として前記受益権の販売会社における被相続人名義の口座に入金された場合にも、前記預かり金の返還を求める債権は当然に相続分に応じて分割されることはなく、共同相続人の1人は、前記販売会社（金融機関）に対し、自己の相続分に相当する金員の支払を請求することができないとしています（金融・商事判例1463号34頁）。

つまり、本件投資信託受益権の相続に伴い、収益分配金だけでなく元本償還金が被相続人名義の口座に入金された場合の預かり金は、可分債権へとその性質を転じるものではないとの判断を示したものです。

Q 72 遺言書保管制度のメリット

自筆証書遺言書の保管制度のメリットにはどのような ものがありますか。

A answer 保管制度を利用した場合は、家庭裁判所における**検認 の手続が不要**です。遺言書の原本は**法務局で保管する** ため、その**紛失・盗難・偽造・変造を防止**できるとと もに、遺言書の**未発見リスクの軽減**などのメリットが あります。また、保管申請に際して遺言書保管官によ る遺言書の**外形的な確認**がされるため、遺言書の**方式 不備による無効リスクが軽減**されます。

▶ **解説** explanation

❶ 検認手続が不要

　遺言者自身が保管する自筆証書遺言書の場合は、相続の開始後、相続人等が遅滞なく、これを家庭裁判所に提出して、その検認を請求しなければなりません（民法1004条1項）。これに対し、遺言書保管所に保管されている遺言書については、この家庭裁判所における検認の手続は不要とされています（法務局における遺言書の保管等に関する法律（以下「遺言書保管法」という）11条）。

② 紛失・偽造等、無効リスク等の軽減

　自筆証書遺言は、その作成や保管について第三者の関与がないため、これに伴う情報漏えい等のリスクはありません。しかし、盗難・紛失や偽造・変造、隠匿等のリスクがあり、遺言者の死亡後、相続人が遺言書の存在に気づかないまま遺産分割を行うことがあるほか、遺言書が発見されたとしても、日付漏れなどにより無効となることがあり、その真正や遺言内容などをめぐって相続人間で紛争が生じるリスクがあります。

　そこで、遺言書保管法は、法務局が遺言書を保管しその画像情報等の記録を行うこととしており、この取扱いにより、遺言書の盗難・紛失・偽造・変造等のリスクを防止することができます。

　また、遺言書の保管申請に際して、遺言書保管官が行う自筆証書遺言書の方式に関する外形的な確認（遺言書の作成年月日、遺言者の氏名、出生日、住所および本籍等の確認）等により、日付漏れ等による無効リスク等も軽減されます。

　相続開始後は、相続人は、全国どこの法務局（遺言書保管所）でも遺言書の保管の有無等を確認することができるので、遺言書の存在に気づかないリスクも軽減されます。

Q73　遺言書の保管申請の方法等

保管申請する遺言書の様式は決まっているのですか。
また、遺言書の保管申請は、どの法務局（遺言書保
管所）にすればよいのでしょうか。

A answer　保管申請できる遺言書の様式は、**法務省令で定める様
式によらなければならず、かつ無封でなければなりま
せん**。また、遺言書の保管は、**遺言者の住所地等を管
轄する法務局（遺言書保管所）**に申請します。

▶ **解説** explanation

❶ 遺言書の様式制定の理由と無封の目的

　保管申請できる遺言書は、民法968条が定める自筆証書遺言書に限られて
います（遺言書保管法1条・4条1項）。

　保管申請は、法務省令で定める様式によらなければならず、かつ無封で
なければなりません（同法4条2項）。

　保管申請の際に無封でなければならないのは、遺言書が、民法968条の定
める方式に適合しているがどうかの外形的な確認をするためです（同法1
条・4条1項）。具体的には、遺言書保管官は、提出された遺言書につい
て、日付および遺言者の氏名の記載、押印の有無、本文部分が自書されて
いるか否か等を確認します。

　また、保管の申請は、遺言者自らが出頭して行わなければならず（同条
6項）、代理は認められません（注）。遺言書保管官は、出頭した遺言者に

当該遺言書を自書したことの確認を求めることになります。

　遺言書保管官は、申請者が遺言書の作成者と同一人であるかどうかの本人確認をしなければなりませんが（同法3条・5条）、出頭した申請者が遺言者本人であるかを確認するため、本人確認書類の提示もしくは提出、または本人を特定するために必要な事項についての説明を求めることになります（同条）。本人確認書類としては、本人特定事項（氏名、住所または本籍、生年月日等）が記載されている顔写真付きの公的証明書（個人番号カードや運転免許証等）の提示または提出が求められ、これらの事項や書類に疑義が生じた場合には、遺言書保管官が必要な説明を求めることになります。

（注）本人が出頭できない場合は、保管申請はできないため自筆証書遺言を本人が管理するか、あるいは公証人の出張訪問による公正証書遺言によることは可能です。

❷　保管申請できる遺言書保管所

　遺言書の保管の申請は、遺言者の住所地または本籍地、あるいは遺言者の所有する不動産の所在地を管轄する法務局（遺言書保管所）に対してしなければなりません（遺言書保管法4条3項）。

Q 74　保管されている遺言書の内容確認等

遺言者や推定相続人は、遺言書保管所に保管されている遺言書の内容確認や、返還請求はできるのでしょうか。

A answer

遺言者の生存中は、遺言者のみが、保管されている遺言書を閲覧することにより確認することができます。また、遺言者は、保管の申請を撤回することによって、遺言書の返還を受けることができます。推定相続人は、これらの手続をすることはできません。

▶ **解説** explanation

❶　遺言書の内容確認

遺言書保管所に保管されている遺言書の内容は、遺言者の生存中は、遺言者のみが遺言書保管所に保管されている遺言書を閲覧することにより確認することができます（遺言書保管法6条2項）。推定相続人などの遺言者以外の者は、遺言者の生存中は、当該遺言書について遺言書保管所からいっさい情報を得ることはできません。

なお、遺言者の死亡後は、遺言者の関係相続人等（注）が、遺言書保管所に保管されている遺言書について、遺言書情報証明書の交付請求（同法9条1項）や、遺言書の閲覧請求（同条3項）をすることにより、遺言書の内容を確認することができます。

（注）遺言書保管法9条1項各号に掲げる者（遺言者の相続人、受遺者、遺言執行者等）

❷ 遺言書の返還請求

　遺言者は、遺言書保管所に保管されている遺言書について、保管の申請を撤回することによって、遺言書の返還を受けることができます（遺言書保管法8条）。この保管申請の撤回手続は、遺言者が、当該遺言書を保管している遺言書保管所（特定遺言書保管所）に自ら出頭して、遺言書保管官に対して行わなければなりません（同条1項・3項）。なお、代理人によって行うことはできません。

　遺言者が保管の申請を撤回したときは、遺言書保管官は、申請人の本人確認を行ったうえで、保管している遺言書を遅滞なく返還するとともに、当該遺言書に係る情報を消去しなければなりません（同条同項・4項）。

Q 75 保管されている遺言書の有無の確認等

遺言者の相続開始後、遺言書の保管の有無等を誰でも確認できますか。また、相続登記や預金の相続手続等はどのように行えばよいでしょうか。

A answer

遺言者の相続人等は、遺言者が作成した遺言書が遺言書保管所に保管されているか否かについて、遺言書保管事実証明書の交付を請求することにより確認できます。また、この遺言書保管事実証明書は、当該遺言書が、請求者にとって関係遺言書である場合のみ交付されます。

また、たとえば、保管されている遺言書が「相続させる旨の遺言」（特定財産承継遺言）であり遺言執行者が選任されている場合、遺言執行者は、遺言書情報証明書を法務局に持参して受益相続人名義に相続登記ができ、金融機関に対して被相続人名義の預金を受益相続人名義へ変更請求ができます。

▶ **解説** explanation

❶ 遺言書の有無等の確認等

遺言者の相続開始後、その相続人等は、遺言者が作成した遺言書が遺言書保管所に保管されているか否かについて、遺言書保管事実証明書（注）の交付を請求することにより確認することができます（遺言書保管法10条

１項）。

　ただし、この遺言書保管事実証明書は、遺言書の保管の有無等を明らかにした証明書ですから、その交付請求によって明らかになるのは、交付請求者が関係相続人等（相続人、受遺者、遺言執行者等）に該当する遺言書（関係遺言書）が遺言書保管所に保管されているか否かです。

　遺言書保管事実証明書は誰でも交付請求できますが（遺言書保管法10条１項）、預金取引先の相続開始後、金融機関が遺言書保管事実証明書の交付請求をしても、その遺言書は金融機関の関係遺言書ではないため、保管されていない旨の遺言書保管事実証明書が交付されるだけで、金融機関は保管の有無の確認はできません。

　なお、相続人等により遺言書情報証明書（遺言書の画像情報等を用いた証明書）の交付または遺言書の閲覧がされたときには、遺言書保管官は、すでに遺言書が保管されていることを知っている者を除く相続人等に対して、当該遺言書を保管している旨を通知するものとしています（遺言書保管法９条５項）。これにより、すべての相続人等は、遺言書が保管されていることを知ることになります。

　（注）遺言書保管所における関係遺言書（自己が関係相続人等（相続人、受遺者等）に該当する遺言書をいう）の保管の有無を明らかにした証明書をいいます。

❷　相続登記等の手続

　遺言者の相続開始後、相続人等は、遺言書保管官に対して、遺言書保管所に保管されている遺言書について、遺言書情報証明書（遺言書の画像情報等を用いた証明書）の交付を請求することができます（遺言書保管法９条）。

　遺言書保管所に保管されている遺言書については、保管開始後、紛失・偽造・変造等のリスクはなく保全されているため検認は不要とされています（同法11条）。

　この遺言書情報証明書は、遺言書保管所に保管されている遺言書について、その画像情報等の当該遺言書に関する事項を証明する書面ですので、遺言書情報証明書を確認すれば、その遺言書に係る自筆証書遺言が民法968条に定める方式に適合しているかどうかの確認と、その他の遺言の内容を確認することができます。したがって、これまでの遺言書原本を確認することにより行ってきた相続手続は、この遺言書情報証明書を確認することによって行うことができます。

　たとえば、保管されている遺言書が、被相続人所有の特定の不動産や預金を特定の相続人に「相続させる旨の遺言」(特定財産承継遺言)であり遺言執行者が選任されている場合、遺言執行者は、遺言書情報証明書を法務局に持参して受益相続人名義に相続を原因とする相続登記をすることができるし、金融機関に対して被相続人名義の当該預貯金を受益相続人名義への変更を請求することができます(民法1014条)。

第3章　預金の管理

預金に対する差押え と支払

 Q 76 一般債権者による差押命令が送達された場合の対応

取引先Aの預金に対して、Aの債権者Bによる債権差押命令が送達され、差押命令に添付されている「請求債権目録」には請求債権200万円と記載されています。この差押命令が送達された時点のAの預金残高は、普通預金30万円、貯蓄預金40万円、定期積金50万円、定期預金150万円です。また、「差押債権目録」にはAの預金債権について200万円を限度とし、差し押さえる預金の種類や順序が記載されており、これによれば、定期預金150万円と定期積金50万円が差し押さえられたことになります。この場合、どのように対応すればよいでしょうか。

A answer 債権差押命令が送達された場合は、その余白等に送達された日付と時刻を記入し、差押債権目録の記載から差押預金を特定します。そして、特定した差押預金に支払差止めの措置を直ちに行います。支払に応じる時期は、差押命令が預金者に送達された日から1週間経過後で、かつ定期預金と定期積金の満期到来後となります。

▶ **解説** explanation

❶ 債権差押命令による差押えの効力と差押債権 の特定

⑴ 債権差押命令の内容とその効力発生時期

　債権差押命令は、債務者（預金者）の第三債務者（金融機関）に対して有する債権（預金債権）の取立その他の処分（払戻請求や解約等）を禁止し、第三債務者に対しては、債務者への弁済（預金の払戻し）を禁止する裁判所の命令です（民事執行法145条1項）。また、差押えの効力は、差押命令が第三債務者に送達された時に発生します（同条5項）。

⑵ 差押債権の特定

　差押債権目録には、差し押えする預金債権が特定できるように、一般的には、「債務者（預金者A）が第三債務者（金融機関）に対して有する預金債権のうち、以下の記載順序に従い、頭書金額に満つるまで」とし、

① 「同種の預金が数口あるときは、口座番号の若いもの（あるいは弁済期の早いもの、または金額の大きいもの）から順次差押債権額に満つるまで」

② 「円貨建預金と外貨建預金があるときは、イ．円貨建預金、ロ．外貨建預金の順序による」

③ 「同一の通貨で数種の預金があるときは、イ．定期預金、ロ．定期積金、ハ．通知預金、ニ．貯蓄預金、ホ．納税準備預金、ヘ．普通預金、ト．別段預金、チ．当座預金」

などと、預金の種類を列記して差押えの順序を付しているので、これに該当する預金を抽出し、差押債権を特定することができます。

❷ 債権差押命令送達時の対応

⑴ 差押債権（差押預金）の特定と事故登録等

　債権差押命令を受理した担当者は、債権差押命令の封筒の余白等に受理

日付および時刻（金融機関に到達した時刻）を直ちに記入するとともに、その処理の進捗状況を管理するために債権差押命令等管理簿を作成します。また、差押命令の差押債権目録の記載に従い差押預金を特定し、当該預金について事故・注意情報登録を行い、支払差止めの手続を行います。

(2) 流動性預金が差押債権となった場合の対応

差押預金が普通預金や当座預金などの流動性預金であった場合は、差押え時（差押命令が金融機関に到達した時刻）の差押命令の効力が及ぶ預金残高を別段預金に移管します。ただし、当該移管した別段預金には差押命令の効力が及びますが、移管後の普通預金等の残高や当該口座へのその後の振込入金その他の入出金取引には差押命令の効力が及びません。

(3) 反対債権の有無の調査

預金取引先に対して貸出債権等の反対債権を有していた場合は、当該貸出債権等と差し押さえられた預金債権とを相殺することができますので、貸出債権等がないかどうかを速やかに調査しなければなりません。

(4) 差押え等の競合の有無と供託等

預金債権に対して複数の債権者による差押命令等があり、各差押命令等の請求債権の合計額が被差押債権（預金債権）の総額を超過している場合は、差し押さえられた預金に相当する金額を法務局の供託所に供託しなければなりません（民事執行法156条2項）。これを、差押えが競合した場合の義務供託といい、供託した場合は、当該執行裁判所に事情届を提出します（同条3項）。

これに対し、差押命令が単発で送達された場合は、金融機関は、当該差押債権者に弁済することができますが、法務局に供託することもでき、これを権利供託といいます（同条1項）。

なお、いずれの場合も、差押預金が定期預金や定期積金の場合は、満期到来後に供託または支払をすればよく、差押債権者に支払う場合は、差押命令が差押債務者（預金者A）に送達された日から1週間経過後でなければなりません。

❸　陳述の催告があった場合

　裁判所は、差押債権者の申立があれば、第三債務者（金融機関）に対して、差押えに係る債権（預金債権）の有無等を陳述することを催告します。

　この催告を受けた第三債務者は、差押命令送達の日から2週間以内に、同封されている陳述書の項目（差押えに係る債権の存否、差押債権の種類および額、弁済の意思の有無、弁済する範囲または弁済しない理由など）に記入して、裁判所に返信しなければなりません（民事執行法147条1項、民事執行規則135条）。

　この義務は訴訟法上の義務であり、金融機関がこの義務を怠り、あるいは「弁済の意思がある」などと誤った陳述をした場合でも、相殺権の行使など実体法上の権利までをも失うものではないと解されています（東京地判昭和48・6・18金融法務事情699号28頁）。

　ただし、金融機関が故意または過失によって陳述を行わず、陳述を遅滞し、または虚偽の陳述をしたために差押債権者が損害を受けたときは、損害賠償責任を負うことがあります（民事執行法147条2項）。

❹　差押債権者による差押預金の取立

　差押債権者は、差押命令が差押債務者に対して送達された日から1週間を経過したときは、その債権（預金債権）を取り立てることができます（民事執行法155条1項）。

　払戻しに応じる場合は、差押命令が債務者に送達された日が記載されている裁判所書記官の送達通知書により、債務者（預金者）への送達後1週間を経過していることを確認し（つまり、差押債権者Bに取立権が付与されていることを確認）、払戻請求者がBであることを運転免許証やパスポート等の顔写真付の公的証明書（法人の場合は、資格証明書および印鑑登録証明書と取扱担当者への委任状、取扱担当者の本人特定事項の確認等）により確認します。

Q 77 滞納処分による差押えがされた場合の対応

滞納処分により預金者Aの普通預金が差し押えられ、
当日収納処理をしました。この場合、金融機関は、
その旨をAに通知すべきでしょうか。

A answer

徴収職員は差し押えた預金を直ちに取り立てる権限が
あるので、当該預金が普通預金等期限の定めのない債
権の場合は、直ちに取立てに応じる義務があります。
なお、Aは、差押え等の事実については、税務署から
交付される差押調書の謄本等で知ることになるので、
金融機関は、その旨をAに通知する義務はありません。

▶ **解説** explanation

❶ 滞納処分による差押えの効力の発生

　預金債権についての滞納処分による差押えは、第三債務者（金融機関）
に対する「債権差押通知書」の送付によって行われ、この通知書が第三債
務者（金融機関）に送達された時に差押えの効力が発生します（国税徴収
法62条1項・3項）。なお、この送達は、必ずしも特別送達郵便に限らず、
徴収職員が金融機関へ通知書を持参し、または預金の調査中ないし終了後
に差押通知書を作成・交付することによっても行うことができます。

❷ 徴収職員の取立権限と取立ての効果

　徴収職員は、差し押えた預金債権を直ちに取り立てる権限があります（国

税徴収法67条１項）。したがって、差し押えられた預金が普通預金等期限の定めのない債権の場合は、徴収職員が取立権を行使した時に、金融機関は直ちに取立てに応じる義務があります。

❸　支払時の確認事項等

　徴収職員は、金融機関の請求があった場合は、国税収納官吏章または歳入歳出外現金出納官吏章を提示する義務があるので（国税徴収法施行規則２条４項）、これにより払戻請求者が徴収職員になりすましていないかを確認します。また、徴収職員が所属する税務署に電話等で確認すれば、より確実に本人確認ができます。

　また、相殺ができるかどうか反対債権の有無を確認します。

❹　預金者への通知

　預金に差押え等があった場合は、受寄者（金融機関）は、遅滞なくその事実を寄託者（預金者）に通知しなければなりません（民法660条１項本文）。ただし、預金者がすでにその事実を知っている場合は、通知義務ありません（同項ただし書）。

　この点、徴収職員は、滞納者（預金者）の財産を差し押えたときは、差押調書を作成し、その財産が動産や有価証券あるいは預金等の債権の場合は、差押調書の謄本を滞納者（預金者）に交付しなければならないことになっています（国税徴収法54条）。預金者（滞納者）は、これにより差押え等の事実を知ることになるので、金融機関は、預金が差し押えられたことや徴収職員に支払ったことを預金者に通知する義務はないと解されます。

　ただし、差し押えられた預金が公共料金等の自動振替口座となっていたり、借入金の自動返済口座等となっている場合は、口座の凍結により自動引落等ができなくなるおそれがあるため、その旨を預金者に通知することが実務上望ましいと考えられます。

Q78　預金に対する差押・転付命令

取引先Aの預金に対して、Aの債権者Bによる差押・転付命令が送達され、この時点のAの預金残高は普通預金30万円、定期預金200万円となっていますが、「請求債権目録」には請求債権200万円と記載されています。また、翌日には、ほかの債権者Cから、Aの預金に対して請求債権100万円とする差押命令が送達されました。どのように対応すればよいでしょうか。

A answer
預金債権に対する差押・転付命令が送達された場合は、まず、その余白等に送達された日付と時刻を記入します。そして、差押債権目録の記載から差押・転付預金を特定し、直ちに支払差止めの措置を行います。支払に応じる時期は、当該差押・転付命令の確定後ですが、定期預金であれば満期到来後となります。

▶ **解説** explanation

❶　被差押債権の特定と支払停止措置

　預金債権に対する差押命令が送達された場合は、まず、その余白等に送達された日付と時刻を記入します。そして、差押債権目録の記載から差押預金を特定し、直ちに支払差止めの措置を行わなければなりません。

　差し押さえられた預金債権の特定は、差押命令の差押債権目録の記載内容に従って行います。質問のBによる差押命令については、定期預金200万

円が被差押債権となるので、直ちにこれに対して支払停止の措置をとります。また、翌日のCによる差押命令については、BとCの請求債権の合計金額が300万円となり、普通預金30万円にも差押えの効力が及ぶことになるので、これについても支払停止の措置をとります。

❷　転付命令の内容とその効力発生時期

転付命令とは、差し押さえた預金をその支払に代えて券面額（預金の元本金額）をもって、そのままの状態で差押債権者に移転させる命令です。

転付命令が債務者（預金者）に送達されてから1週間以内に債務者が執行抗告をしないと転付命令は確定し、差押債権者の債権と執行費用は第三債務者（金融機関）に転付命令が送達された時に遡って弁済されたものとみなされます（民事執行法159条・160条）。

質問の場合、転付命令が確定すると、BのAに対する債権と執行費用は、転付命令が金融機関に送達された時に遡って弁済されたことになり、Aの定期預金200万円は、Bに移転しBの定期預金となります。

したがって、転付命令が金融機関に送達されてから確定するまでの間に、他の債権者から差押えや仮差押えがされても、転付命令がその送達された時に遡って確定すると、転付命令送達後の差押えや仮差押えは無効となります。

これにより、Bによる差押・転付命令送達の翌日になされたCによる差押命令は、Aの定期預金に関する部分では無効となりますが、普通預金30万円については差押命令の効力が及んでいることになります。

なお、普通預金に対する差押命令送達後に振込があった場合、この振込代り金に対しては、差押命令の効力は及びません。

なお、転付命令が金融機関に送達される前に他の債権者による差押え、仮差押えの執行または配当要求があった場合は、当該転付命令の効力は生じません（同法159条3項）。

預金には譲渡制限の特約があり、預金の譲受人がこの特約を知っているかあるいは重過失により知らなかったときは、金融機関は、民法466条の5

第1項により、譲受人による預金の払戻請求を拒絶することができます。ただし、同条2項では、強制執行をした差押債権者に対しては、同条1項が適用されないとしています。

❸ 差押・転付預金の支払

　質問の場合、転付命令が確定し、Aの定期預金がBに移転した日（差押・転付命令が甲金融機関に送達された日）が定期預金の満期日前であったときは、満期日が到来するまで支払に応じる必要はありません。また、利息については、通常は、転付命令送達時以前の利息はAに支払い、転付命令送達時以後の利息はBに支払うことになります。

❹ 転付債権者への支払にあたって徴求する書類

　差押命令の場合は、①裁判所発行の送達証明書（預金者Aに差押命令が送達されてから1週間経過し、差押債権者に取立権が付与されたことを確認する）、②差押債権者の印鑑証明書等（法人の場合は、このほかに資格証明書が必要です。また、代理人に支払う場合は、差押債権者の代理人への委任状と代理人の印鑑証明書が必要）、③取立金の領収書、などが必要です。質問の場合の差押債権者Cへの支払に応じる場合はこれによります。

　転付命令の場合は、差押命令の場合に準じますが、先行の仮差押え、差押え、配当要求のないこと、および転付命令の確定証明書の提出を受けて（送達証明書は不要）転付命令が確定していることを確認します。

　なお、定期預金の満期到来後の支払方法は、原則として現金払ではなく、記名式預金小切手（記名式自己宛小切手）または差押債権者名義の預貯金口座への振込の方法によります。そして、支払完了後、裁判所に対し支払届を提出します。

Q 79 差押えの競合と対応

取引先Aの預金（残高200万円）に対して、債権者B
による差押命令（請求債権額：100万円）が送達さ
れ、さらに他の債権者Cによる差押命令が送達され
ました。どのように対応すればよいでしょうか。また、
その差押えが転付命令や滞納処分による差押えなど
であった場合はどうでしょうか。

A answer 差押えの競合とならない場合は、取立権を有する各差
押債権者に支払うか、あるいは供託することができま
す。また、差押えの競合となる場合は、差し押さえら
れた預金全額を供託しなければなりません。

▶ **解説** explanation

 差押えの競合

　同一預金が二重に差し押さえられても、各差押えの請求債権の合計金額
が預金額を超えなければ差押えの競合とはなりません。たとえば、債権者
Bの請求債権額100万円、債権者Cの請求債権額が80万円の場合は競合はな
いので、取立権を取得した各差押債権者に支払うか、または差し押さえら
れた預金200万円全額を法務局の供託所に供託することができます（民事執
行法156条1項。権利供託）。預金の弁済期が未到来の場合は、弁済期が到
来するのを待って支払うか、または供託します。

　しかし、たとえば、債権者Bの請求債権額100万円、債権者Cの請求債権

額が150万円場合は、差押えの競合となるので、金融機関は、債権額に按分して支払うなどの対応は禁止され、預金200万円全額を供託しなければなりません（同条2項。義務供託）。また、供託した金融機関は、執行裁判所に事情届の提出を要しますが（同条3項）、この場合も、預金の弁済期の到来後に供託します。

❷ 配当要求による競合

　債務名義（民事執行法22条）を有する債権者は、先の差押手続に対して二重差押えのほか、配当要求もできます（同法154条）。配当要求の通知は金融機関に送達されますが、たとえば、債権者Bによる差押手続に対して債権者Cによる配当要求がされた場合は、差し押えられた預金部分100万円に相当する金銭を供託しなければなりません（同法156条2項）。

❸ 差押・転付命令との関係

　差押・転付命令が金融機関に送達される時までに、他の債権者による差押え、仮差押えの執行または配当要求がされたときは、その転付命令は効力を生じませんが（民事執行法159条3項）、差押命令の効力は生じます。滞納処分による差押えが先行している場合も同様です（「滞納処分と強制執行等との手続の調整に関する法律」（以下「滞調法」という）36条の5）。

　たとえば、質問のCによる差押えが差押・転付命令であった場合は、転付命令の部分は効力を生じませんが、差押命令の効力は生じるので、Cの請求債権額が80万円の場合は、金融機関は、各債権者に支払うか権利供託することができます。しかしCの請求債権額が150万円の場合は差押えの競合となるため、法務局に供託しなければなりません。

　これに対し、Bによる差押えが差押・転付命令であった場合は、転付命令が確定すると、預金債権200万円のうち100万円は、差押・転付命令が金融機関に送達された時に遡ってBの預金債権となります。

　この場合は、債権者Cの請求債権額が80万円あるいは150万円いずれの場合であっても、差押えの競合とはならないので、金融機関は、債権者Bに

対して転付預金100万円を支払い、Cに対しては、請求債権が80万円の場合は80万円を支払い、請求債権が150万円であれば100万円を支払うことになります。また、競合ではないので、預金200万円全額を権利供託することもできます。

❹　滞納処分による差押えとの競合

民事執行法による差押えと国税徴収法による差押えとが競合したときは、滞調法の定めによります。

たとえば、民事執行法による差押えが先行した場合は、金融機関は、いずれの債権者にも支払えず、差し押さえられた預金全額を供託しなければなりません（滞調法36条の6。義務供託）。

これに対して、滞納処分による差押えが先行した場合は、金融機関は徴収職員に支払うか、あるいは、その預金全額を供託することができます（同法20条の5・20条の6。権利供託）。

なお、滞納処分による差押えと一般の仮差押えとが競合した場合には、その先後を問わず、金融機関は徴収職員に差押えを受けた預金を支払ってもよいのですが、その預金全額を供託することもできます（同法20条の9・36条の12・20条の6）。

Q 80 差押・転付命令送達後の元の預金者への払戻し

取引先Aの普通預金に対して、本日の午前10時に差押・転付命令の送達を受けたました。しかし、差押・転付命令送達時の同預金残高は100万円でしたが、担当者は上司に報告することを失念し、支払停止等の事故登録がされないまま放置され、同日の午後2時頃に100万円全額がATMで引き出されてしまっていることが判明しました。金融機関の責任はどうなりますか。

A answer

差押債権者の申立による転付命令が確定すると転付命令の効力が生じ、Aの普通預金100万円は転付命令が金融機関に送達された時（本日の午前10時）に遡って転付権者Bの預金となり、その後の元の預金者Aに対する支払は無効となるので、金融機関は転付権者Bに対して二重払の責めを負うことになります。この場合、元の預金者Aに対しては、不当利得として返還請求することは可能です。なお、転付命令が金融機関に送達された後に、A名義の普通預金口座への振込入金等によって成立した預金債権には、当該差押・転付命令の効力は及びません。

▶ **解説** e x p l a n a t i o n

❶　金融機関の責任

　質問の場合、差押債権者の申立による転付命令が金融機関に送達された本日の午前10時には100万円が残高として残っていたので、当該転付命令が確定してその効力が生じると、差押債権者の債権および執行費用は、券面額100万円で債務者AからBに弁済されたものとみなされ、Aの普通預金100万円はBに移転したことになります。

　ところが、金融機関は、Aの普通預金への転付命令送達後、直ちに当該口座について支払停止措置をすべきところ、この措置を失念していたため、午前10時にBに移転したA名義の普通預金100万円が、同日の午後2時頃に、ＡＴＭから払戻しされており、当該払戻しの効力は認められません。したがって、金融機関は差押債権者Bに対して二重払の責めを負うことになります。

❷　元の預金者に対する不当利得返還請求

　金融機関は、元の預金者Aに対しては不当利得による返還請求が可能ですから（民法703条・704条）、これにより取り戻すことになります。しかし、Aが無資力のため支払えない場合は、事実上、金融機関の二重負担となります。

❸　差押命令送達後の振込代り金と差押えの効力

　差押えの効力は、差押命令が送達された時点で現に存する預金に対して及ぶので、振込代り金が差押命令送達後に預金として成立した場合には、これに対しては差押えの効力は及びません。

Q 81 自動継続定期預金に対する仮差押え

取引先Aの自動継続定期預金100万円に対して、債権者Bの申立により仮差押えがされました。定期預金の満期が到来した場合、自動継続の手続はどのようにすべきでしょうか。

A answer

仮差押えが執行されても、自動継続特約に基づく継続の効果は妨げられないので、仮差押えを理由に自動継続を停止することは許されません（最判平成13・3・16金融・商事判例1118号3頁）。

▶ **解説** explanation

❶ 自動継続特約の性質と仮差押えの効力

　自動継続定期預金の自動継続特約の性質について、前掲最高裁平成13年3月16日判決は、自動継続特約は、預金者から満期日における払戻請求がされない限り、当事者の何らの行為を要せずに、満期日において払い戻すべき元金または元利金について、前回と同一の預入期間、定期預金を継続させることを内容とするものであり、預入期間の合意として、当初の定期預金契約の一部を構成するものであるとしています。

　したがって、このような自動継続特約付の定期預金に対し、仮差押えが執行されたとしても、同最高裁判決は、同特約に基づく自動継続の効果が妨げられることはないとしています。

❷ 自動継続定期預金への仮差押えと対応策

前掲最高裁判決に従えば、自動継続定期預金に対して仮差押えがされたとしても、仮差押えがあったことを理由に自動継続を停止することはできません。したがって、仮差押え後も当初の特約に従って自動継続処理をしなければなりません。

❸ 仮差押債権者が当該預金を差し押えて取立権を行使してきた場合

仮差押債権者Bが確定判決等の債務名義を得て、仮差押済みの当該Aの預金につき差押手続を行い、取立権を行使してきた場合は、次の満期日の到来後に払戻しに応じます。

なお、仮差押手続を経ないで差押命令や差押・転付命令が送達された場合に、差押債権者や差押・転付債権者から取立権等の行使がされる前に満期日が到来した場合についても、満期到来時に自動継続手続を行わざるを得ないものと考えられます。

そして、取立権等を行使された場合は、次の満期日の到来後に払戻しに応じます。滞納処分による差押えの場合も同様です。

Q 82 年金等受取口座に対する差押え

取引先Ａの年金の受取口座（普通預金口座）に対して差押命令が送達されました。当該口座には年金振込による入金しかなく、Ａには年金以外の収入はないことが判明しています。どのように対応すればよいでしょうか。

また、給与振込口座に対して差押命令が送達された場合はどうでしょうか。

A answer

年金の受給権や給与債権は差押禁止債権ですが、その資金が普通預金口座に振り込まれて預金債権となった場合は、原則として差押禁止債権としての属性を承継するものではないため、これを有効に差押えすることができます（最判平成10・2・10金融・商事判例1056号6頁）。また、金融機関は、貸出債権と年金等の受取口座を受働債権とする相殺も可能です。

▶ **解説** explanation

① 年金受給権や給与債権等の差押禁止

厚生年金・国民年金・労災保険金等の受給権については、原則として、これを譲渡し、担保に供し、または差し押さえることが禁止されています（厚生年金保険法41条1項、国民年金法24条、労働者災害補償保険法12条の5第2項ほか）。また、給料や退職金等についても、給付の4分の3に相当

する部分は、差押えが禁止されています（民事執行法152条2項）。

このような各差押禁止規定の目的は、年金受給者や給与所得者等の生活保持の観点にありますが、これら差押えを禁止された債権については、これを受働債権とする相殺も認められていません（民法510条）。

❷　年金等受入口座の差押えの可否

法令等によって差押えが禁止されているのは、年金受給者の国等に対する受給権であり、あるいは給与所得者の勤務先に対する給与債権です。しかし、年金や給与等が受給者や給与所得者等の受取口座に振り込まれて、預金債権となった場合、この預金債権についても差押えが禁止されるのかどうかが問題となります。

東京高裁平成4年2月5日判決は、差押禁止債権である厚生年金および国家公務員共済年金の給付であっても、それが受給者の預金口座に振り込まれた場合は、その預金の全額を差し押えることができるとし、差押えを肯定しています（金融法務事情1334号33頁）。

その理由は、①年金が預金口座に振り込まれると、その法的性質は預金債権に変わる、②預金債権差押えの執行裁判所は、債務者および第三債務者を審尋することができない（民事執行法145条2項）、当該預金の原資を知ることははなはだ困難である、③差押禁止債権の範囲の変更（民事執行法153条1項）の申立がない段階で、預金の中身を考慮して差押えの当否や範囲を制限するのは相当ではないとしています。

受給者の救済としては、民事執行法153条1項所定の差押禁止債権の範囲の変更の申立が可能であり、執行裁判所は、債務者（預金者）からの申立により、債務者および債権者の生活の状況その他の事情を考慮して、差押命令の全部または一部の取消しを行うことができるとしています。

東京高裁平成22年6月29日決定は、差押債務者が差押禁止債権の範囲変更の申立をしたときは、当該預金の原資が年金給付であると認められれば、差押債務者において、他に生計を維持する財産や手段があるなど差押命令の取消しを不当とする特段の事情のない限り、差押命令は取り消されるべ

きであるとしています（金融法務事情1912号100頁）。

❸ 年金等受取口座を受働債権とする相殺の可否

　年金等の受取口座を受働債権とする相殺の可否について、前掲最高裁平成10年２月10日判決は、国民年金および労災保険金の預金口座への振込に係る預金債権は、原則として差押禁止債権としての属性を承継するものではなく、金融機関が預金者に対して有する債権を自働債権とし、本預金債権を受働債権とする相殺が許されないとはいえないとしています。

　その理由は、年金等の受給権が差押え等を禁止されているとしても、その給付金が受給者の預金口座に振り込まれると、それは受給者の当該金融機関に対する預金債権に転化し、受給者の一般財産になると解すべきであるとし、また、指定預金口座に振り込まれることによって年金等の受給権は消滅し、同時に預金債権が形成され、口座開設者たる年金受給権者は年金取扱金融機関に対して預金の払戻請求権を有するためとしています。

　また、年金等の差押禁止給付は、それらが受給者の預金口座に振り込まれた場合においても、受給者の生活保持の見地から差押禁止の趣旨は尊重されるべきであるが、普通預金口座には差押禁止債権についての振込以外のものも存在するので、年金等は普通預金口座に振り込まれると受給者の一般財産に混入し、年金等としては識別できなくなり、これらの差押えを禁止すると取引秩序に大きな混乱を招くおそれがあるためとしています。

Q 83　受任通知後の振込と払戻請求

普通預金取引先Ａ（給与所得者）について、弁護士名での破産手続準備中である旨の受任通知を受理しました。その後に振り込まれた給与につき、Ａから払戻請求がありました。Ａに対してカードローンの残高があり延滞していますが、払戻しを拒否できるでしょうか。

A answer　受任通知は支払停止に当たるので、その後の振込金については、カードローン債権への払戻充当や相殺は、破産法上禁止されています。したがって、当該給与の払戻しには応じざるを得ないでしょう。

第3章　預金の管理

▶ **解説** explanation

❶ 受任通知と支払停止

　給与所得者が弁護士に債務整理を委任した旨や、弁済交渉等の中止を求める旨が記載された受任通知は、自己破産準備中の旨が明示されていなくても、破産法162条1項1号イおよび3項にいう「支払の停止」に当たります（最判平成24・10・19金融・商事判例1406号26頁）。

❷ 受任通知受理後の振込金との相殺の可否

　カードローン等の債務者が支払を停止すると、カードローン等の債務の

期限の利益は当然に喪失するので、金融機関は、当該支払停止時のカード
ローン等の債権と預金債権等とを相殺することができます（民法505条・
506条）。

　既述のとおり、受任通知は「支払の停止」に当たり、金融機関が受任通
知を受理すると、Aに対するカードローン債権の期限の利益は当然に喪失
するので、その後に給与振込がされると、これによりAに対して負担した
預金債務を受働債権とし、Aに対するカードローン債権を自働債権とする
相殺は、民法上は可能となります。

　しかし、Aの支払停止後に金融機関が新たに負担した債務との相殺とな
るので、この相殺は破産法上禁止されます（破産法71条１項３号）。

❸　Aによる払戻請求

　Aから当該預金の払戻請求があった場合は、これに応じざるを得ないも
のと考えられます（札幌地判平成６・７・18金融法務事情1446号45頁参照）。

　ただし、受任通知を受理する前の普通預金残高については、カードロー
ン債権との相殺は破産法上禁止されていないので、相殺を理由に払戻しを
拒否することができます。

破産手続開始の申立後に振込があった場合

預金者Aにつき破産手続開始の申立があった後、普通預金口座に振込があり、Aから払戻請求がありました。Aに対してはカードローンの残高があり延滞していますが、払戻しを拒否することができるでしょうか。

破産手続開始の申立後の振込によって負担した預金債務を受働債権とし、カードローン債権を自働債権とする相殺は、破産法上禁止されています。したがって、相殺を理由に払戻しを拒否することはできません。

▶ **解説** explanation

　破産手続開始の申立後に新たに負担した債務を受働債権とする相殺は、破産法上禁止されています（破産法71条1項4号）。

　したがって、Aから当該預金の払戻請求があった場合は、相殺を理由に払戻しを拒否することはできないので、これに応じざるを得ないものと考えられます。

　ただし、破産手続開始申立前の普通預金残高については、カードローン債権との相殺ができるので、この部分については、相殺を理由に払戻しを拒否することができます。

Q 85 破産手続開始決定後に普通預金口座に振込があった場合

預金者Aの破産手続開始決定後、普通預金口座に振込があり、その後、Aから払戻請求がありました。これに応じなければならないのでしょうか。

A answer 破産手続開始決定後は、破産者Aの財産は破産財団となり、その管理処分権限は破産管財人が有します。したがって、破産者Aの払戻請求があっても原則として応じることはできません。

▶ **解説** explanation

 破産財団の組成財産と管理・処分権限

破産者が破産手続開始決定前に自ら有していた財産であっても、破産手続開始決定後は、その財産を対象として破産財団が組成され、裁判所によって選任された破産管財人が財団の管理・処分にあたります（破産法78条1項）。

つまり、破産者Aの預金は破産財団の組成財産となり、破産者Aには管理・処分権がありません。したがって、破産者Aの自由財産（新得財産等）と認められない限りAの払戻請求に応じることはできず、破産管財人に払い戻すべきことになります。

❷　破産管財人に対する払戻手続

　破産管財人に対する普通預金の払戻しの方法は、通帳・届出印の押印された払戻請求書によってこれに応じるのが原則です。その際、運転免許証等で破産管財人かどうか（破産管財人になりすましていないかどうか）の本人確認をします。

　また、通帳や届出印を紛失している場合は、破産者Aの預金であるかどうかを十分確認して、破産管財人からは紛失の届出（事情等も記載されたもの）を提出してもらい払戻しに応じることになります。

Q 86 破産手続開始決定後に当座預金口座に振込があった場合

当座勘定取引先Aが破産手続開始決定を受けた後、当座預金口座に振込がありました。どのように対応すればよいでしょうか。

A answer

破産手続開始決定を受けたことを知った時点で、当座預金口座を閉鎖します。その後、当該口座に振込があった場合は、「該当口座なし」を理由に仕向金融機関に返金します。また、手形・小切手が支払呈示された場合は、0号不渡事由により返還します。

▶ **解説** explanation

当座勘定取引契約の法的性質と破産手続開始決定による契約の終了

　当座勘定取引契約は、支払委託契約と消費寄託契約との混合契約と解されています。特に当座勘定取引の特色である手形・小切手の支払委託は委任（正確には準委任）と解されますから、契約の当事者が死亡したり、破産手続開始決定を受けると、支払委託契約は当然に終了します（民法653条）。

　したがって、当座勘定取引先Aが破産手続開始決定を受けたことを金融機関が知った場合は、その時点で当座預金口座を解約処理して閉鎖し、解約残金については別段預金にて預かります。そして、後日、破産管財人の

払戻請求に応じて支払うことになります。

② 破産手続開始決定後に当座預金口座に振込があった場合

　破産手続開始決定の時点で当座預金口座は解約となるので、その後に当該口座へ振込があった場合は、「該当口座なし」を理由に、仕向銀行に返金することになります。

　また、破産者A振出（引受）に係る手形・小切手が支払呈示されたときは、破産手続開始決定を事由に不渡返還しますが、電子交換所規則上は0号不渡事由であり、電子交換所システムの不渡情報登録は行いません（電子交換所規則施行細則33条1項1号②イ(ア)）。

87 破産管財人名義の預金の払戻し

破産管財人が、破産管財人名義（破産者○○○○破産管財人弁護士○○○○）の普通預金から、200万円を払い戻すために来店しました。このまま応じてもよいのでしょうか。

 破産管財人口座の払戻しについては、通常の払戻手続に従って払い戻すことで差し支えありません。

▶ **解説** explanation

　破産手続開始後、破産管財人が「破産者○○○○破産管財人弁護士○○○○」とする破産財団を管理するための普通預金口座を開設し、以後の管財実務に使用することがあります。同口座には、破産財団である不動産等の資産処分等による代わり金が破産管財人によって集められ、破産配当等の支払に充てられるまで滞留するので、金融機関にとっては低コストの資金メリットがあります。

　破産管財人口座は、破産財団の資産処分等による代わり金を管理するための口座であり、破産配当等のために払い戻されることになりますが、特に不審な点がない限り、通常の払戻手続に従って払い戻すことで差し支えありません。

Q 88　預金者が民事再生手続開始決定を受けた場合

預金取引先Aが民事再生手続開始決定を受けました。預金の支払はどうすればよいでしょうか。

A answer　原則として、Aに預金の支払を行えばよいのですが、監督委員が選任された場合は、監督委員の同意を要する行為となっていないかを確認します。

▶ **解説** explanation

❶ 民事再生手続開始決定と預金の管理・処分権限

　民事再生手続開始決定後も、再生債務者は、その業務を遂行する権利および財産の管理・処分権限を原則として失いません（民事再生法38条1項）。したがって、金融機関は、原則としてAに対して支払えばよいのです。

　なお、再生手続が開始された場合には、再生債務者であるAは、債権者に対し、公平かつ誠実に業務を遂行し財産を管理処分する義務を負担します（同法38条2項）。

❷ 監督委員等が選任されている場合

　民事再生手続において、監督命令が出されることがあり、再生債務者の行為を監督するべく監督委員が選任された場合は、監督委員の同意を得な

ければならない行為が指定され（民事再生法54条2項）、指定行為を監督委員の同意なく再生債務者が行うと無効となります（同条4項）。

　そこで、金融機関取引等について指定行為がないかどうかをチェックして、預金の支払等が指定行為となっていないことを確認することが必要です。

　なお、保全管理命令または管理命令が出された場合には、業務遂行権および財産管理処分権は保全管理人または管財人に専属するので、取引の相手方はこれらの者としなければならず、再生債務者との取引はできません（同法81条・66条）。

Q 89 当座勘定取引先が民事再生手続開始申立に伴う保全処分写しを持参してきた場合

民事再生手続開始の申立をした当座勘定取引先が、保全処分の写しを持参しました。今後支払呈示される手形・小切手はどう扱ったらいいでしょうか。

A answer

手形・小切手の支払委託の取消しがあったものとして、以後、「民事再生法による財産保全処分中」という不渡事由で不渡返還します。ただし、0号不渡事由であり、不渡情報登録は行わないよう注意が必要です。

▶ **解説** explanation

❶ 民事再生手続開始申立時の保全処分の申立

　民事再生手続開始の申立があった場合、再生手続が開始されるまでの間に債務者の財産が散逸したり、処分されたりすることがあると、再生手続開始後、債務者の再建に支障をきたすことになり、処分の内容によっては特定の債権者が利益を受けることにもなります。

　このような不合理を防止するために、再生手続申立時に財産の保全を目的として保全処分が申し立てられます。

❷ 保全処分と手形・小切手の不渡返還手続

　保全処分がなされると、積極財産（預金や不動産等）の処分禁止はもとより、消極財産（借入債務等）の弁済も禁止されます。そこで、当座勘定

取引先が保全処分のコピーを金融機関に持参した行為は、自分が振り出した手形・小切手の支払を差し止めることが目的といえます。

このコピーを金融機関が受理すれば、手形・小切手の支払委託の取消しに当たるので、以後、手形・小切手を不渡返還することになります。ただし、その場合の不渡事由は、「民事再生法による財産保全処分中」となります（電子交換所規則施行細則77条1項1号(2)ア（オ））。また、この場合は0号不渡事由ですから、不渡情報登録は不要となり、当座勘定取引先は不渡処分を受けることはありません。

Q 90 通帳・カードの紛失届の受理

預金取引先Aが普通預金の届出印を持参し、通帳と
キャッシュカードを紛失したので再発行してほしいと
の申出を受けました。紛失届の受理に際しての注意す
べき事項は何でしょうか。

A answer まず、紛失の事故コードの設定を行います。当該紛失・
再発行届の申込人が、預金者本人Aであることの確認
が最も重要です。

▶ **解説** explanation

❶ 通帳・カードの紛失・再発行手続と留意点

　通帳・カードの紛失は、金融機関にとって預金者の確知手段を失うこと
になる重大な問題であり、再発行手続は厳格に行わなければなりません。

　そこで、紛失届の受理後、速やかに紛失の事故コードの設定を行います
が、最も重要なことは、預金者本人Aからの紛失・再発行依頼か否かの確
認です。届出印の所持は、Aになりすましていないかどうかの確認のため
の重要な要素の一つにすぎません。顔写真のある本人確認書類による確認
のほか、依頼書の住所の不一致、口座番号の未記入等の怪しむべき事情の
有無も見逃さないようにしなければなりません。これらの不備や怪しむべ
き事情を看過するようなことがあった場合は、金融機関の本人確認が不十
分とされるおそれがあります。

なお、金融機関の本人確認が誤認によってなされた場合は、当該再発行通帳等による無権利者への払戻しは無効とされます（最判昭和41・11・18金融・商事判例38号2頁）。

❷ 紛失届、再発行依頼の受理手続

　基本的な紛失届・再発行手続は次のとおりです。

① 預金者本人の確認……来店者が本人とわかる書類（運転免許証等）で確認します。

② 書面による紛失・再発行届の受理……紛失・再発行届に記載された住所、氏名、口座番号等は必ずチェックします。

③ 再発行までに相当期間を置く……預金者本人からの依頼であるか否かを書面（照会状）で確認するためと、紛失通帳等の発見に努めてもらうために相当期間を置いて再発行します。

Q 91 改印届の受理

預金通帳を持参した者から、「印鑑を紛失したので改印したい」との申出を受けました。改印に際しての注意点は何でしょうか。また、都合改印の場合はどうでしょうか。

A answer

まず、紛失の事故コードの設定を行います。当該紛失改印届の申込人が、預金者本人であることの確認が最も重要です。都合改印の場合も同様ですが、現在の届出印の照合が困難な場合は、紛失改印に準じて対応します。

▶ 解説 explanation

　紛失改印届の申出を受けた場合は、まず速やかに紛失による事故コードの設定を行います。また、紛失改印届の受理に際しては、預金者本人による届出であることの確認が重要であり、顔写真のある運転免許証等の公的証明書による確認のほか、提出された書類に住所の不一致や氏名の誤記など怪しむべき事情がないかなど、慎重に本人確認を行うことが不可欠です。

　預金者の事情による改印の場合は、申出人が預金者本人であることの確認を顔写真のある公的証明書等によって行います。また、現在の届出印の押捺による改印届を提出してもらい、印鑑照合を慎重に行います。さらに、書類上の記載に不備はないかの確認も怠らないようにします。

Q 92 預金についての消滅時効援用の可否

預金者が、満期到来後10年以上経過した定期預金証書を持参して払戻請求をしました。調査すると、当該預金の残高は少額で、支払済みであることが確認できる書類も見あたりません。このような場合、消滅時効の完成を理由に払戻しを謝絶できるでしょうか。

A answer

質問の場合は、雑益編入の可能性も排除できませんが、帳簿上では預金債権の存在が確認できない以上、消滅時効の完成を理由に払戻しを謝絶できるでしょう。

▶ **解説** explanation

❶ 預金債権の時効消滅

　預金債権は、預金者が、預金を払戻請求（権利行使）ができることを知った時から5年間行使しないとき（民法166条1項1号）、または、払戻請求（権利を行使）ができる時から10年間行使しないとき（同項2号）は、時効によって消滅します（同条1項）。

　たとえば、定期預金であれば、満期日が到来し、預金者が払戻請求できることを知った時から5年間払戻請求しなかった場合は、当該預金は時効によって消滅します。また、満期日が到来し払戻請求できることを知らなかった場合でも、払戻請求ができる満期日から10年間払戻請求しなかった場合は、当該預金は時効によって消滅します。

　なお、普通預金の消滅時効は、最後の入出金のあった日から進行するものと解され、当座預金は解約になった日から（大判昭和10・2・19民集14巻2号137頁）、また通知預金は据置期間満了の日から消滅時効が進行するものと解されています。

❷　時効消滅した預金の消滅時効援用の可否

　時効消滅した預金の取扱いについては、たとえば、定期預金が時効消滅していたとしても、金融機関の定期預金元帳等の帳簿でその存在が確認できる場合は、金融機関は、時効消滅を主張（援用）することはなく、その払戻請求に応じています。もしも、その存在が確認できるのにもかかわらず消滅時効を援用した場合は、当該援用は信義則に反し、権利濫用に当たるものとされます（東京高判昭和58・2・28金融・商事判例677号32頁）。

　これに対し、帳簿上では預金債権の存在が確認できない場合であって、預金者が長期間預金の払戻しを請求していないという特別の事情が存在する場合に消滅時効を援用したとしても、当該援用は権利濫用には当たらないとされています（大阪高判平成6・7・7金融法務事情1418号64頁）。

❸　自動継続定期預金の消滅時効

　自動継続定期預金の消滅時効は、預金者の申出等による自動継続の停止後最初に到来する満期日から進行するので（最判平成19・4・24民集61巻3号1073頁）、自動継続の回数に制限がない場合は、払戻請求されない限り消滅時効は完成しません。払戻請求された定期預金がこのタイプの自動継続定期預金であった場合は、過去に解約払戻手続等がなされていたことが確認できないのであれば、消滅時効は未だ進行していないことになるので、二重払を余儀なくされるおそれがあります。

　これに対し、自動継続の回数に制限がある場合は、自動継続の取扱いがされることのなくなった満期日が到来した時から消滅時効が進行するので、解約済みであることを証明できなくても、消滅時効が完成しているのであれば、時効の援用により払戻請求を謝絶することが可能となります。

Q 93 個人事業主が法人成りした場合の預金の処理

個人事業主Ａが株式会社Ｂ社を設立し、Ａの事業をＢ社に営業譲渡してＡは廃業し、Ｂ社の代表取締役に就任しました。Ａの預金口座はＢ社に名義変更すればよいのでしょうか。

A answer

Ｂ社の預金口座を新規に開設し、Ａの預金口座は、当該口座に係る支払等が決済された後に解約するようにします。

▶ **解説** explanation

❶ 法人成りとは

個人事業主が株式会社等の法人を設立して、当該法人に事業を譲渡するとともに、個人事業主が法人の代表者として当該承継した事業を執行することを法人成りといいます。つまり、法人成りの場合は、法人同士の合併や相続の場合と異なり、法人を設立することによって個人の資産が法人に移転することはありません。

❷ 個人の債権・債務関係の法人への継承

個人の債権・債務関係を法人に継承させるためには、個々の権利移転手続を行う必要があります。法的には、Ａの預金債権をＢ社に譲渡し、金融機関が債権譲渡を承諾する方法でＡ名義預金をＢ社名義預金に変更する方

法も可能です。しかし、実務上は、Ｂ社の普通預金や当座預金口座を新たに開設し、Ａの普通預金等の個人口座については、これらを解約する方法が一般的です。

　ただし、Ａの普通預金がＡの借入金の返済口座となっている場合は、当該借入金を法人Ｂ社が債務引受等の方法で引き継いだ後に解約する方法が無難です。また、Ａの当座預金については、Ａ名義で振出済みの未決済の手形・小切手等の決済が終わるまで解約を留保し、全額決済後に解約するようにします。

Q 94 休眠預金等について

いわゆる休眠預金等活用法が定める「休眠預金等」とはどのような預金をいうのですか。

A answer

「休眠預金等」とは、2009年1月以降に最後の入出金等の異動があり、かつその後10年以上異動がない預金等が対象であり、2009年1月より前に最後の異動があった預金等は、その後10年以上異動がない場合でも本制度の対象外となります。

▶ **解説** explanation

❶ 休眠預金等活用法の「休眠預金等」とは

　「民間公益活動を促進するための休眠預金等に係る資金の活用に関する法律」（以下「休眠預金等活用法」という）が2018年1月に施行され、2019年1月1日から「休眠預金等」が発生することになりました。同法にいう「休眠預金等」とは、2009年1月以降に最後の入出金等の取引（「異動」という）があり、かつその後10年以上異動がない預金等をいいます。2009年1月より前に最後の異動があった預金等は、その後10年以上異動がなかったとしても同法にいう「休眠預金等」の対象とはなりません。

　たとえば、2009年1月時点ですでに10年より長い間、入出金取引などの異動がない預金等は、最後の異動が2009年1月より前になるので、休眠預金等にはならず、本制度の対象外となります。

　なお、定期預金や金銭信託など、一定の預入期間や計算期間がある場合

には、その期間の末日（自動継続扱いのものは最初の期間の末日）から10年の間、入出金取引などの異動がない場合に休眠預金等となります。

❷　「休眠預金等」の資金の活用等

「休眠預金等」になると、当該預金等は預金保険機構に移管された後、民間公益活動に活用されます。民間公益活動とは、①子どもおよび若者の支援に係る活動、②日常生活または社会生活を営むうえでの困難を有する者の支援に係る活動、③地域社会における活力の低下その他の社会的に困難な状況に直面している地域の支援に係る活動などをいいます。なお、休眠預金等となった後も、引き続き取引のあった金融機関で払戻請求することができます。

❸　「休眠預金等」になりうる「預金等」とは

「預金等」とは、預金保険法、預金保険法の規定により、預金保険の対象となる預貯金などです。

具体的には、普通・通常預貯金、定期預貯金、当座預貯金、別段預貯金、貯蓄預貯金、定期積金、相互掛金、金銭信託（元本補填のもの）、金融債（保護預りのもの）などが対象です。

一方で、外貨預貯金、譲渡性預貯金、金融債（保護預りなし）、2007年10月1日（郵政民営化）より前に郵便局に預けられた定額郵便貯金等、財形貯蓄、仕組預貯金、マル優口座などは対象外です。

❹　「異動」とは

「異動」とは、預金者などが今後も預金などを利用する意思を表示したものと認められるような取引などを指し、①全金融機関共通の異動事由と、②各金融機関が行政庁から認可を受けて異動事由となるものがあります。

①については、イ．入出金（金融機関による利子の支払を除く）、ロ．手形または小切手の呈示等（イメージデータによるものを含む）による第三者からの支払請求（金融機関が把握できる場合に限る）、ハ．公告された預金

等に対する情報提供の求め、などです。

②については、イ. 預金者等による通帳や証書の発行、記帳、繰越、ロ. 預金者等による残高照会、ハ. 預金者等の申出による契約内容・顧客情報の変更、ニ. 預金者等による口座を借入金返済に利用する旨の申出、ホ. 預金者等による預金等に係る情報の受領、ヘ. 総合口座等に含まれる他の預金等の異動などです。

なお、各金融機関が行政庁から認可を受けて異動事由となるものについては、各金融機関にて公表することになっています。

❺ 「休眠預金等」移管前の金融機関による公告等と預金保険機構への移管

金融機関は、入出金取引などの異動が最後にあってから9年以上が経ち、近く移管の対象となりうる預金等について、移管の前に電子公告を行うこととされています。

また、1万円以上の残高がある預金等については、取引金融機関から、現在登録されている住所へ「通知」を郵送します（郵送に代わり電子メールで通知することもある）。この通知を預金者が受け取ることで、その後の10年間は休眠預金等になりません。

金融機関による電子公告には、近く移管の対象となりうる預金等の最後の異動の日や預金保険機構への移管の期限などを掲載しますが、個別の預金者などが特定される情報（含む口座番号）は掲載しません。

なお、これらの公告または通知は、異動が最後にあってから9年が経過し、10年6か月を経過するまでの間に行うこととされています。

以上の公告等がされたものの、残高が1万円未満のときや住所変更を届けていないことなどにより通知が届かない場合には、金融機関が公告を開始した日から2か月～1年の間に預金保険機構へ移管を行います。

第**4**章

CHAPTER 1

振　込

Q 95 振込取引の法的関係

振込契約はどの時点で成立しますか。また、振込の当事者の法的関係はどのようになっていますか。

A answer

振込依頼書による振込契約の場合は、仕向金融機関が振込の依頼を承諾し振込資金等を受領した時に成立し、ＡＴＭ等による振込契約の場合は、仕向金融機関がコンピュータ・システムにより振込の依頼内容を確認し振込資金等の受領を確認した時に成立します。振込の当事者の法的関係等は、解説記載のとおりです。

▶ **解説** explanation

❶ 振込の法的性質と当事者の関係

振込の法的性質については、第三者のためにする契約とする説もありますが、通説・判例は、振込依頼人の指定した被仕向金融機関にある受取人の預金口座に振込金を入金することを内容とする委任契約であるとしており（東京地判昭和41・4・27金融・商事判例14号2頁、名古屋高判昭和51・1・28金融・商事判例503号32頁）、実務上の取扱いも委任契約説に立っています。

振込における当事者の振込依頼人と仕向金融機関、仕向金融機関と被仕向金融機関はそれぞれ委任関係にあり、仕向金融機関は、振込依頼人に対して受任者としての善良なる管理者の注意をもって振込事務を処理する義

務を負い、被仕向金融機関は、仕向金融機関に対して受任者としての善良なる管理者の注意をもって振込事務を処理する義務を負います。

　振込依頼人と被仕向金融機関、仕向金融機関と受取人、被仕向金融機関と受取人との間には、振込契約上の直接の関係はありません。ただし、被仕向金融機関と受取人である預金取引先との間には、「この預金口座には、為替による振込金を受入れます」との預金約款に基づき振込金を受け入れ、預金債権を成立させる旨の契約が存在します。

❷　振込契約の成立時期

　既述のとおり、振込は委任契約と解されているので、そうであれば当事者間の合意の時に成立するはずですが（民法643条）、振込規定ひな型によれば、振込契約は当事者間の合意のみでの成立は認めていません。

　振込契約は、振込依頼書または振込機による必要があり、振込依頼書による振込契約の場合は、仕向金融機関が振込の依頼を承諾し振込資金等を受領した時に成立するものとし、ATM等による振込契約の場合は、仕向金融機関がコンピュータ・システムにより振込の依頼内容を確認し振込資金等の受領を確認した時に成立するものと規定しています（振込規定ひな型3条）。

Q 96 振込通知の役割と取消し、組戻し

振込通知の役割はどのようなものですか。また、取消しと組戻しの取扱いと留意点はどのようになっていますか。

A answer 振込通知（為替通知）は、仕向金融機関が被仕向金融機関にその記載内容に従った振込事務を処理することを委託するとともに、両金融機関間の資金決済額算出の基準としての役割があります。

また、取消しと組戻しは、いずれもいったん行われた振込通知を撤回するものであり、委任の取消ですが、その取扱いと留意点は解説記載のとおりです。

▶ **解説** explanation

❶ 振込通知（為替通知）の役割

振込通知（為替通知）は、仕向金融機関が被仕向金融機関にその記載内容に従った振込事務を処理することを委託するとともに、両金融機関間の資金決済額算出の基準としての役割があります。内国為替取扱規則では、振込通知の取消しや訂正、組戻しの取扱手続、あるいは他店払小切手等の他店券により振込資金を受けた際に、その旨の振込通知（為替通知）への表示の禁止（これにより他店券の不渡りリスクは仕向金融機関が負担することになる）などについて規定し、振込取引の円滑化、安定化が図られています。

❷ 取消しと組戻しの取扱いと留意点

　仕向金融機関が発信した振込通知が誤っていた場合に、それを元に戻す方法として、内国為替取扱規則に基づく取消しと組戻しがあります。いずれも、いったん行われた振込通知を撤回するものであり、委任契約の取消しに当たります。

(1) 組戻手続

　組戻しは、振込依頼人が誤った振込依頼をした場合に、依頼人の申出に従って一度取り組んだ為替取引を取り消す手続です。なお、仕向金融機関は、振込資金を欠くことをもって被仕向金融機関に振込通知の組戻手続をとることはできません（Q97参照）。

　一方、組戻依頼を受けた被仕向金融機関は、振込金の入金記帳前であれば、受取人の承諾を得ることなく組戻しに応じることができますが、入金記帳後であれば、振込金相当額の預金債権が成立しているので、受取人の承諾がなければ組戻しに応じることはできません。

(2) 取消手続

　取消しは、仕向金融機関（発信金融機関）が誤った振込通知をした場合に、仕向金融機関がその発信電文の全部を取り消すことをいいます。ただし、取消事由は、内国為替取扱規則によって、「重複発信」、「金額相違」、「被仕向銀行名・店名相違」、「通信種目相違」、「取扱日相違」、の5つに限定されており、これ以外の事由での取消しはできません。

　たとえば、振込資金を依頼人から徴収できないことは、この取消事由に該当せず、振込資金を欠く結果となったことをもって仕向金融機関は被仕向金融機関に対して振込通知の取消手続をとることはできません。

　なお、取消しの請求を受けた被仕向金融機関は、振込金の入金記帳の前後に関係なく取消請求に応じることになります。というのは、預金約款に「この預金口座への振込について、振込通知の発信金融機関から重複発信等の誤発信による取消通知があった場合には、振込金の入金記帳を取消します」という約定があるためです。

Q 97　先日付振込の取消しと組戻し

仕向金融機関乙は、取引先Ａ社の依頼により、先日付振込によって被仕向金融機関甲宛に振込通知を発信しましたが、振込指定日当日になって、Ａ社が取引停止処分により倒産したため、Ａ社から振込資金を受け取ることができませんでした。

そこで、乙金融機関は、甲金融機関宛にすでに発信していた振込通知（通信種目「サキフリ」）の組戻依頼をしたところ、甲金融機関の担当者は、受取人Ｂの普通預金口座にすでに振込金の入金処理がされていることに気づきましたが、直ちに当該入金記帳を取消して組戻しに応じ、資金を乙金融機関に返還しました。ところが、受取人Ｂから、入金記帳の取消しを承諾した覚えはないとして、振込金の当該口座への入金を請求されました。甲金融機関は、Ｂの求めに応じて入金しなければならないのでしょうか。

甲金融機関が組戻依頼を受けた時には、すでに受取人Ｂの預金口座に入金記帳されていたので、先日付振込手続は完了しＢの預金債権も有効に成立しています。したがって、甲金融機関は、Ｂの承諾なしに組戻しに応じることはできないので、組戻しによって取り消した入金記帳を元に戻すよう求められれば、これに応じざるを得ません。

❶ 他店券受入表示の禁止と振込資金を欠く振込通知取消しの可否

　内国為替取扱規則では、為替取引の安定性を確保する観点から為替資金（振込資金等）として他店払の手形・小切手を受け入れた場合に、このことを示すために振込通知に「他店券受入」の旨の表示をすることを禁止しています。

　これは、受け入れた他店券が資金化される前に振込通知が被仕向金融機関に到着することになりますが、この振込通知に基づき被仕向金融機関が事務処理（例えば振込金の入金処理）をした後で、当該他店券が不渡りになり資金化されなかったときに、これを理由にすでに発信された振込通知の取消しを認めないという趣旨です。

　このことは、振込資金を欠く振込通知の取消しができないことと相通じる論理であり、質問の場合のように、先日付振込で依頼人から振込資金を受領できなかったことをもって、すでに発信した振込通知の取消しはできないということになります。

❷ 振込資金を欠く先日付振込の組戻しの可否

　内国為替取扱規則では、先日付振込の組戻しは、被仕向金融機関における取扱いが煩雑となるため、組戻しの発生が懸念される振込は先日付振込としないよう留意する旨を定めていますが、この趣旨から取消しや訂正（注）についても当然のことながら同様の留意が必要となります。

　もともと振込資金を欠くことをもって、取消し、訂正、組戻しの対象とすることはできず、同規則では何らの定めもおいていませんが、振込資金を欠く振込通知は有効であり、その取消しや組戻し等はできないことになります。

　したがって、金融機関が先日付振込を取り扱うときは、その振込依頼人

第4章

振込

は振込指定日までに振込資金を必ず受領できる先とするよう留意すること
が重要事項となります。つまり、先日付振込は、振込資金を徴収できない
リスクのある取引であるため、与信取引としての性格をもつ取引であると
の認識が必要となることから、先日付振込の依頼ができるのは、通常、仕
向金融機関と継続的取引関係がある優良取引先に限られることになります。

　なお、先日付の前日までに、依頼人が振込金額をまちがえるなど取消理
由に相当する誤りが判明した場合には、依頼人の申出による組戻手続によ
ることになります。たとえば、先日付振込において、振込指定日前に組戻
依頼電文を受信したときには、受取人の預金口座への入金前であるので、
組戻依頼に応じなければなりません（大阪地判昭和55・9・30金融・商事
判例611号38頁）。

（注）振込通知の訂正とは、内国為替取扱規則では、加盟金融機関の錯誤あるい
　　　は顧客の依頼により原電文の一部を訂正することをいう旨を定めています。
　　　これは、振込通知の取消理由以外の加盟金融機関の錯誤と依頼人が口座番号
　　　や受取人名をまちがえた場合等にその訂正をする場合が対象になります。

❸　質問の場合

　質問のように、仕向金融機関である乙金融機関が依頼人A社の指定に従っ
て先日付振込手続を執行したのち、想定に反して依頼人A社が倒産し、振
込資金を徴収できない結果を招くことがあったとしても、当該振込通知は
有効であり、内国為替取扱規則上、振込通知の取消し、訂正、組戻しはい
ずれもすることはできません。

　A社の依頼がないのにもかかわらず、先日付振込の振込資金を徴収でき
なかったことをもって組戻依頼を行った乙金融機関は、内国為替取扱規則
に違反したことになります。

　一方、甲金融機関が組戻依頼を受けた時には、すでに受取人Bの預金口
座に入金記帳されていたので、先日付振込手続は完了しBの預金債権も有
効に成立しています。したがって、甲金融機関は、Bの承諾なしに組戻し

に応じることはできないので、組戻しによって取り消した入金記帳を元に戻すよう求められれば、これに応じざるを得ません。

甲金融機関の乙金融機関への不当利得返還請求の可否

　甲金融機関は、すでに組戻しに応じて乙金融機関に返還した振込金について、乙金融機関に不当利得として返還請求できるか否かが問題となりますが、本件と同様の事案での裁判例では認められていません（注：岡山地判平成5・8・27金融法務事情1371号83頁）。

（注）　岡山地判平成5・8・27の内容を事例の場合に当てはめると、次のように判示されています。

　　①　受取人Bの預金口座に振込金が入金記帳された時点において、預金債権が成立したというべきである。

　　②　振込依頼人A社と仕向金融機関乙および乙金融機関と被仕向金融機関甲との法律関係は別個の委任契約であり、それぞれの契約当事者の事情は他の当事者に影響を及ぼすものとはいえず、振込依頼人A社が仕向金融機関乙に対してその資金を提供しなかったことをもって、乙金融機関は、振込通知に従って入金記帳をした被仕向金融機関甲および受取人Bに対し、預金債権の不成立を主張することはできない。

　　③　振込の組戻しは、受取人の承諾を得たうえでなければ許されないが、被仕向金融機関甲が承諾し組戻手続が完了している以上、組戻金額について振込の無効を主張して、乙金融機関の不当利得であるということはできない。

　　　　よって、同裁判例では、被仕向金融機関甲の仕向金融機関乙に対する不当利得返還請求は否定されました。

Q 98 　**他店券による振込**

....

預金取引先Aから、他金融機関が支払人となっている小切手での振込を依頼されました。このような振込に応じてもよいのでしょうか。

A answer 　他店券振込は原則として応じるべきではありません。異例的に応じる場合であっても、一種の与信行為となるので、決裁権限者の了解が不可欠です。

▶ **解説** explanation

❶ 他店券による振込の可否

振込は迅速な処理が求められるので、振込には条件を付けることは許されず、他店券表示は条件に当たるので許されません。したがって、他店券振込を受け付けた場合は、金融機関の立替払資金による振込となり、当該他店券が不渡返還されると、当該立替払資金が回収できなくなります。このようなことから、他店券による振込は禁止されています。

❷ 他店券振込を受け付けた場合の取引関係

預金取引先Aの申出を受けた場合、他店券が決済されるまでの間は、金融機関がAに対して他店券相当額を立替払するため、その間は、Aに対して一種の与信行為を行っていることになります。

やむを得ず受付を検討する場合であっても、Aの信用状態がよくない場合は、他店券振込を受けることはできません。

Q 99 振込の誤発信による取消通知への対応

仕向金融機関から、二重振込をしたとして、誤発信に
よる取消通知を受けました。調査したところ、すでに
受取人の口座に入金されていますが、どのように対応
すればよいでしょうか。

A answer 仕向金融機関から、重複発信をしたとして、誤発信に
よる取消通知を受けた場合、受取人口座に入金済みで
あったとしても受取人の預金は成立しないので、直ち
に入金記帳を取り消して仕向金融機関行に返金します。

▶ **解説** explanation

① 取消通知による入金記帳の取消し

　仕向金融機関が誤って重複発信等の誤発信をしてしまった場合は、仕向
金融機関から被仕向金融機関に対して誤発信による取消通知を発信するこ
とになります。この場合、被仕向金融機関としては依頼文を受け取ると直
ちに受取人口座を調査し、重複振込の事実が確認できれば取消しをするこ
とになります（普通預金規定ひな型3条2項）。

　これは、仕向金融機関が取消電文を発信し、被仕向金融機関に着信する
と、仕向・被仕向金融機関間の委任契約が解除されますから、当該振込は
なかったことになり、被仕向金融機関は受取人口座の入金を取り消すこと
になります。なお、普通預金規定ひな型3条2項では、「発信金融機関（仕
向金融機関）から重複発信等の誤発信による取消通知があった場合には、

振込金の入金記帳を取消します」と規定していますが、この場合は受取人の預金が成立しないことを明確にしているものと考えられます。

❷ 被仕向金融機関のその他の対応

　このように、仕向金融機関の事務ミスによる取消通知の場合は、受取人の預金は成立しないため、受取人の承諾を得ることなく、直ちに入金記帳を取り消すことができますが、取り消したとしても、受取人の預金通帳に振込入金と同額の出金が記帳される場合があります。受取人にとっては、原因不明の入金記帳と出金記帳がされるという迷惑を被るため、被仕向金融機関は、誠実に経過等を説明し謝罪することが必要です。

Q100 依頼人のATMの操作ミスによる誤振込

仕向金融機関から、「振込依頼人がATMの操作を
誤って、同名・同音異人への口座振込をした」として組
戻依頼を受けました。調査したところ、すでに受取人
の口座に入金されていますが、どのように対応すれば
よいでしょうか。また、すでに振込金が払い出されて
いた場合は、どのように対応すればよいのでしょうか。

A answer

振込依頼人の過誤により受取人を間違って振込をした
場合であっても、当該口座への入金記帳によって受取
人の預金が成立してしまいます。したがって、この場
合は、受取人の承諾を得ることなく入金記帳を取り消
して組戻しに応じることはできません。
また、すでに振込金が払い出されていた場合は、振込
依頼人から受取人に対して不当利得の返還請求ができ
ます。

▶ **解説** explanation

 **振込依頼人の過誤による振込と受取人の預金
の成立**

振込依頼人の過誤による振込であったとしても、受取人の預金口座に入
金記帳された時に、受取人の預金が成立ます（最判平成 8・4・6 民集50
巻 5 号1267頁。Q21参照）。

❷ 被仕向金融機関の具体的な手続

受取人口座への入金記帳後に、仕向金融機関から被仕向金融機関に対して組戻依頼があった場合、当該振込金はすでに受取人の預金となっているため、受取人の承諾を得ることなく入金記帳を取り消すことはできません。

被仕向金融機関としては、受取人に対して組戻依頼のあったことを告げ、組戻手続への協力を依頼することになります。具体的には、受取人の出金票が必要となります。受取人が出金票を提出するということは組戻しを了解したということになるからです。

❸ 受取人が出金してしまっている場合の対応

誤振込によって受取人に預金債権が成立したとしても、振込依頼人と受取人との間には振込の原因となる法律関係を欠くため、受取人には不当利得が生じます。したがって、誤振込が事実であれば、振込依頼人は受取人に対して不当利得の返還請求ができます（民法703条・704条）。

その際、受取人が誤振込であることを知って出金していた場合は、出金額に利息を付して返還請求すべきですが（同法704条）、誤振込であることを知らずに出金していた場合は、現に存する利益の範囲（もしも受取人が浪費していた場合は現に存する利益はない）のみ返還義務を負うことになります（同法703条）。

なお、誤振込であることを知った受取人が、その情を秘して預金の払戻しを請求することは、詐欺罪の欺罔行為に当たり、また、誤振込の有無に関する錯誤は同罪の錯誤にあたるため、錯誤に陥った金融機関窓口係員から受取人が預金の払戻しを受けた場合には、受取人に詐欺罪が成立する可能性があります（最判平成15・3・12金融法務事情1697号49頁）。

Q 101　被仕向金融機関による口座相違

Aの預金口座に対して振込入金がありましたが、誤ってBの口座に入金記帳してしまいました。その直後、Bの当該口座に対して債権者Cによる差押・転付命令が送達され、同転付命令は確定し、Cから払戻請求されましたが、Bからも払戻請求がされています。この場合、預金債権は、誰に帰属するのでしょうか。

A answer

被仕向金融機関の口座相違による入金によってもBの預金が成立することはなく、これを前提とする差押・転付命令をCが得たとしても、Cが預金債権を取得することはなく、当該預金債権はAに帰属します。

▶ **解説** explanation

　被仕向金融機関が、Aへの振込金を事務ミスによってBの預金口座へ入金記帳した場合に、Bの預金債権が成立するかについて判例は、被仕向金融機関が誤って正当な受取人でない者の預金口座へ入金記帳して入金案内したからといって、入金案内を受けた者が預金債権を取得することはないとしています（名古屋高判昭和51・1・28金融・商事判例503号32頁）。

　また、被仕向金融機関の口座相違による入金によりBとの消費寄託契約が成立することはなく、Bは当該振込による預金債権を取得しなかったのであるから、これが成立を前提とする差押・転付命令をCが得たとしても、これによってCが預金債権を取得する理由はないとしています。

Q102 被仕向金融機関の入金記帳ミスと仕向金融機関の責任

振込依頼人Aは、甲金融機関に対し、乙金融機関の受取人B名義の普通預金口座に振込入金を依頼しました。しかし、その際、預金口座番号は記載されませんでした。

ところが、乙金融機関には、「C株式会社・代表取締役B」名義と「D有限会社・代表取締役B」名義の預金口座がありましたが、B名義の口座はありません。しかし、乙金融機関は、甲金融機関を通じてAに口座番号の指定等を求めることなく、Bの指示に従って「D有限会社」の口座に入金しました。

その後、Aは、甲金融機関に対して振込依頼を解除して振込金の返還を求めましたが、認められるでしょうか。また、乙金融機関の責任はどうなるでしょうか。

質問のような事案において、仕向金融機関の振込依頼人に対する責任が否定された判例があります（最判平成6・1・20金融法務事情1383号37頁）。その理由は、「振込の被仕向銀行が、振込依頼に受取人の口座番号の指定がなく、受取人名以外に入金口座を特定するものがなかったために、受取名義人の指示に従って同人が代表取締役である法人名義の口座に入金した場合には、仕向銀行は履行すべき義務を尽くしたというべきで、振込依頼人から責任を追及されるいわれはない」というものです。

また、乙金融機関は、B名義の口座がないことについて甲金融機関に照会せず、Bの指示に従ってBが経営する法人口座に入金するというミスを犯しているため、振込依頼人Aから不法行為による損害賠償責任を問われる可能性があります。

❶ 仕向金融機関の振込依頼人に対する義務と責任

　振込の法的性質は、一般に委任（準委任）契約であると解されています（民法643条・656条）。このため、仕向金融機関は振込依頼書に記載された内容について委任の本旨に従って善良なる管理者の注意をもって振込事務を処理する義務を依頼人に対して負い（同法644条）、この義務に違反した場合は、生じた損害の賠償責任を負うことになります（同法415条）。

　質問の場合、甲金融機関はＡの依頼どおりに乙金融機関に振込通知をしたが、Ａが本件契約の際に振込先口座の名義人を指定したのみで口座番号を指定しなかったために、乙金融機関は、名義人がＢであること以外に振込先口座を特定する手がかりがなかったことから、Ｂ本人の指示に従ってＢの経営する法人口座に入金したものであり、このような場合、甲金融機関はその履行すべき義務を尽くしたものというべきであり、Ａから何ら責任を追及されるいわれはないとされています（前掲最判平成6・1・20）。

❷ 被仕向金融機関の義務

⑴　仕向金融機関に対する義務

　被仕向金融機関は、仕向金融機関に対して内国為替取引規則の定めを内容とする為替取引契約上の義務を負担します。この為替取引契約の法的性質は委任契約を中心とする性質を有しているので、被仕向金融機関は受任者として、仕向金融機関に対して委任の本旨に従い善良なる管理者の注意をもって振込事務を処理する義務を負います（民法644条）。

　したがって、振込通知等に記載された受取人名義の預金口座に正確に振込金を入金しなければなりませんが、質問の場合は、Ｂ名義の口座は存在しません。そこで、乙金融機関は甲金融機関に対してＢ名義の口座がないことを伝え、その指示を仰ぐ対応をすべきであったと考えられます。

⑵ 受取人に対する義務

　被仕向金融機関と受取人との間には、預金契約上の当事者関係があり、被仕向金融機関は、当該預金規定により為替による振込金の預金口座への入金を行わなければなりません（普通預金規定ひな型3条1項、当座勘定規定等）。

　したがって、振込通知等を受信した場合は、被仕向金融機関は受取人に対して速やかに受取人名義の預金口座に振込通知に従って正確に入金する義務を負担します。

❸　被仕向金融機関の責任

　振込通知等の受信後に、受取人の預金口座への振込入金を失念したり、入金遅延や口座相違を引き起こすなど、被仕向金融機関の過失等により仕向金融機関や受取人に損害を生じさせた場合、被仕向金融機関は、それぞれの契約違反による債務不履行責任として損害賠償責任を負うことがあります（民法415条）。

　また、質問の場合のように受取人名義の口座がない場合、被仕向金融機関は、少なくとも仕向金融機関に照会すべきであったところ、受取人の指示に従って受取人が経営する法人口座に入金するというミスを犯しているため、これにより振込依頼人に対して損害を与えてしまった場合には、不法行為による損害賠償責任を負うことがあります（同法709条）。

Q103 先日付振込と組戻し

12月9日、甲金融機関は、振込依頼人A社より、乙金融機関のB名義普通預金口座宛に振込日を12月11日とする先日付振込の依頼を受け、この振込手続は、当該振込指定日の午前9時までにB名義の口座へ入金されて完了しました。

ところが、同日午前10時過ぎに、甲金融機関から、同振込は誤振込であるとして組戻しの依頼をされました。ただし、甲金融機関は、A社から12月10日（振込指定日の前日）に当該振込依頼の撤回があったにもかかわらず、その時点での組戻手続を失念し、誤発信されてしまったものでした。

そこで、乙金融機関が受取人Bに対して組戻しの手続に応じるか打診したところ、BはA社に対して債権があるので応じられないとの返答があったので、甲金融機関に対し組戻しには応じられない旨を返答しました。この乙金融機関の対応に問題はないでしょうか。

また、甲金融機関は、A社から振込金を受け取っておらず、当該金額の損害が発生していますが、受取人Bに対して不当利得として返還請求することができるでしょうか。

質問では、受取人口座へ振込金が入金記帳された後に組戻依頼がされた場合であり、乙金融機関の対応は適切です。

また、振込依頼人A社と受取人Bとの間に原因関係が存在する（BはA社に対して債権があると主張している）場合でも、振込前に振込依頼が撤回されたときは、不当利得関係は仕向金融機関と振込依頼人の間で問題とすべきではなく、給付関係当事者である仕向金融機関と受取人の間で処理されるべきであるとの裁判例（後記解説参照）があるので、甲金融機関は、受取人Bに対して不当利得の返還を請求できる可能性があります。

❶ 乙金融機関の対応について

　組戻しとは、振込通知発信後に、振込依頼人の申出により、仕向金融機関が、その振込を取り消すことであって、被仕向金融機関が、受取人口座へすでに入金済みである場合には、仕向金融機関の振込委託はすでに完了しているため、振込委託の取消しはもはや行うことができません。このような場合でも、被仕向金融機関は、慣習的に組戻しに応じていますが、受取人の承諾が組戻しに応じる条件となります。

　ただし、質問の場合のように、先日付振込の組戻しが指定日前に行われたときは、まだ振込事務は完了していないので、組戻し（振込委託の撤回）について受取人の承諾は要しません。たとえ、事務処理の都合で受取人口座への事前の入金記帳と出金記帳が同時にされたとしても、他店券の受入によってその取立前に普通預金口座に入金記帳されたものが不渡りになったときは、その記帳が取り消されるのと同様に、本来記帳すべきものでないものが記帳されたにすぎないと考えられるので、当該事前の入金記帳によって預金債権が成立することはありません（大阪地判昭和55・9・30金融法務事情944号35頁）。

　しかし、質問の場合は、仕向金融機関が指定日前の組戻依頼を失念し、結果的に先日付振込が実行され、受取人Ｂの口座に入金記帳された後に被仕向金融機関である乙金融機関に対して組戻依頼があったのですから、乙金融機関がこれに応じるためには、受取人Ｂの承諾が不可欠となります。

　したがって、乙金融機関の対応は適切であり問題はありません。

❷ 甲金融機関のBに対する不当利得返還請求の可否

⑴　原因関係がない場合

甲金融機関は、その被った損害について受取人Ｂに対して不当利得の返

還請求ができるかどうかについてですが、受取人Bに当該振込金をAから受け取る原因関係がなければ、Bの口座に入金記帳されてBの預金債権が成立したとしても、Bは当該振込金による預金を保持すべき実質的理由を有しません。

したがって、Bは不当利得の返還義務者になります。そして、不当利得の権利者は、振込委託の撤回を看過して振込金相当額の損害を被った甲金融機関になるので、甲金融機関のBに対する不当利得の返還請求は可能と考えられます。

(2) 原因関係がある場合

質問の場合は、受取Bが、A社に対して債権があると主張して組戻しを拒絶しているので、振込依頼人と受取人の間に原因関係が存在する可能性があります。この場合、仕向金融機関である甲金融機関の損失において利得した者は、振込依頼人A社なのか受取人Bなのかが問題となります。

不当利得制度は、一方当事者から他方当事者への財産的利益の移動が法律上の原因なく生じた場合に、移動した財貨を前者に返還せしめる制度であり、その本質は、「形式的・一般的には正当視される財産価値の移動が、実質的・相対的には正当視されない場合に、公平の理念に従ってその矛盾を調整する制度である」と従来から理解されています（公平説）。

したがって、この考え方によれば、振込依頼人と受取人との間に原因関係がある場合に、当該入金記帳によって、（振込依頼人A社の）原因債務が消滅するかどうかによって不当利得を得ている者を判断することになります。A社の原因債務が入金記帳によって消滅しなければ、受取人Bは預金債権と原因債権をあわせもつことになり不当に利得をしていることになります。

しかし、消滅するのであれば振込依頼人A社が支払うべき債務を仕向金融機関である甲金融機関が誤って代わりに支払ったことになるので、振込依頼人A社が不当利得義務者になり、甲金融機関はA社に対して不当利得返還請求ができることになります。

(3) 裁判例

　質問のような事案において、振込指定日前の振込依頼の撤回が認められるときに、振込依頼人（A社）と受取人（B）との間の対価関係（原因関係）の存在によって仕向金融機関と受取人との間の不当利得の成立が否定されるのか否かについて、東京地裁平成5年3月5日判決は、銀行は、振込依頼人と受取人との間の資金移動の目的・原因等に関知すべき立場にないこと、また、仕向銀行は被仕向銀行に対し受取人口座への入金を委託するものにすぎないことから、振込送金について、それ自体、仕向銀行の受取人に対する（振込依頼人の債務の弁済としての）給付としての性格を有すると解することには疑問の余地があるとし、また、振込依頼と結び付かない振込送金に振込依頼人の債務の弁済としての性格を無条件に肯定することはできない等として、対価関係（原因関係）が存在するからといって直ちに債務の弁済に当たり、受取人にその保持権限が生じることには疑問がないわけではないと判示しています（金融法務事情1379号42頁）。

　そのうえで、仮に振込金を第三者たる銀行による振込依頼人の債務の弁済行為とみることができたとしても、振込依頼が事前撤回されているのであるから、本件振込は振込依頼人の意思に反するものであり弁済としての効力は生じないので（旧民法474条2項）、振込依頼人の債務は消滅しないとしました。

　そして、この場合には、対価関係（原因関係）に瑕疵ある場合と同様になるから受取人が振込入金された給付を保持する根拠はない、したがって、振込指定日前に振込依頼が撤回された場合には、不当利得関係は仕向金融機関と振込依頼人との問題とすべきではなく、給付関係当事者である仕向金融機関と受取人との間で処理されるべきとの判断を示しています。

Q 104 振込送金事務の遅延等の責任

甲金融機関の窓口担当者Bは、令和○年1月22日、顧客Aから、乙金融機関のC名義の口座宛に電信扱いで300万円の振込送金を依頼されましたが、閉店間際だったため翌日扱いになる旨を伝えたところ、Aは、翌日一番に送金できればよいというので、Aの依頼を受けました。

ところが、Bは、振込事務の最終オペレーションを失念したため、これに気づくのが遅れCの口座に入金されたのは同月23日の午後2時30分頃となってしまった。後日、Aは、「Bの振込遅延によりD社株式を購入できなくなってしまったが、購入して転売すれば得られるはずであった452万円相当の損害を被ったことになる。甲金融機関はこの損害を賠償する責任がある」と主張して賠償を要求してきました。甲金融機関はこの要求に応じなければならないのでしょうか。

なお、この振込資金は、上場D社の株式購入資金1300万円の一部であり、23日の午前中にCの受取口座に着金しなければ購入できなくなることにつき、AはBに説明していませんでした。

 answer 送金依頼に係る金銭が株式投機の資金であり、甲金融機関が依頼人Aの指定した時刻（23日の午前中）までに送金事務を完了しなかったために依頼人Aに損害が生じたとしても、当該損害は民法416条2項にいう特別損害ですから、Aから送金の趣旨を伝えられていなかったために特別の事情を予見すべき場合ではなかった甲金融機関は、この特別損害の賠償責任を負うことはありません。

❶ 仕向金融機関の振込依頼人に対する義務と責任

　振込の法的性質について通説・判例は、振込依頼人の指定した被仕向金融機関にある受取人の預金口座に振込金を入金することを内容とする委任契約としており（東京地判昭和41・4・27金融・商事判例14号2頁、名古屋高判昭和51・1・28金融・商事判例503号32頁）、実務上の取扱いも委任契約説に立っています。

　このため、仕向金融機関は振込依頼書に記載された内容について委任の本旨に従って善良なる管理者の注意をもって振込事務を処理する義務を依頼人に対して負い（民法644条）、この義務に違反した場合は、生じた損害の賠償責任を負うことになります（同法415条）。

　そこで、振込通知の発信もれやその他仕向金融機関の責めに帰すべき事由による振込遅延が生じたときは、仕向金融機関の受任義務違反による責任を追及されるおそれが生じます。

❷ 振込遅延となる時期（電信扱いの場合）

　質問の場合は、電信扱いでの振込ですが、振込依頼を受けた後いつから振込遅延になるかが問題となります。

　振込規定ひな型は、振込通知の発信について、「電信扱いの場合には、依頼日当日に振込通知を発信します。ただし、窓口営業時間終了間際、振込事務の繁忙日等やむを得ない事由がある場合には、依頼日の翌営業日に振込通知を発信することがあります。」（同ひな型第4条1項1号）と定めています。したがって、窓口での受付が閉店間際の午後3時前後であるなど、当日中に発信できないというような正当な事由のない限り、当日中に発信しなければ振込遅延となり、善良なる管理者としての注意義務違反の責任を問われることになります。

質問の場合、電信扱いですから、依頼日当日に振込通知を発信しなければなりませんが、閉店間際での依頼であったため、甲金融機関の担当者Ｂは、翌日扱いになることをＡに伝えＡはこれを了承しています。また、Ｂの振込手続のミスにより受取人口座への入金がＡの指定する翌日の午前中ではなく午後になっていますが、翌日中に振込通知を発信し当日中に受取人口座に入金されているので、甲金融機関の当該振込手続は、振込規定による振込遅延には該当しません。

❸　振込遅延による賠償責任の範囲

　仕向金融機関が振込遅延等の善管注意義務に違反した場合、振込依頼人は、これによって生じた損害の賠償を請求することができますが（民法415条）、その損害賠償の範囲については、当該善管注意義務違反によって通常生ずべき損害ということになります（同法416条１項）。

　ただし、特別の事情によって生じた損害については、仕向金融機関がその事情を予見すべきであった場合には、振込依頼人は、仕向金融機関に対してその損害を賠償請求することができます（同条２項）。

⑴　特別損害が認められない場合

　仕向金融機関は、振込依頼書に記載された内容に従って振込手続を行う際に、通常、依頼人が振込をする原因関係についてまで知ることはなく、依頼書に記載された内容の振込手続を善管注意義務をもって処理すれば責任を果たしたことになります。したがって、仕向金融機関の責めに帰すべき事由によって振込遅延が生じた場合であっても、その賠償すべき損害の範囲は、振込金を元本とする入金遅延日数分の利息相当額等の通常生ずべき損害に限られます（民法416条１項）。

　しかし、たとえば、質問の場合において、依頼人Ａが「この振込資金は、上場Ｃ社の株式購入資金1300万円の一部であり、23日の午前中にＣの受取口座に着金しなければ購入できなくなる」などの特別の申出を行い、甲金融機関の担当者Ｂが申出どおりに振り込むとの約束をして受け付けた場合など、申出どおり午前中に振り込まなければ受取人に損害が生じることに

ついて甲金融機関が予見すべきであった場合には、特別損害についても責任を問われる可能性があります（同条2項）。

　しかし、質問の場合は、Aから送金の趣旨を伝えられていなかったために特別の事情を知らなかった甲金融機関には予見すべき場合ではなかったと考えられるので、この特別損害の賠償責任を負うことはありません（東京地判平成9・9・10金融・商事判例1043号49頁、東京地判昭和47・6・29金融法務事情660号26頁）。

⑵　特別損害が認められた事例

　海外送金の事例ですが、毎月外国の船会社に通知式電信送金によって用船料の支払をしていたところ、12回目の送金に際し銀行が送金人名を誤記したために用船料の支払遅延が生じ、このため用船契約を解除された者が銀行に損害賠償を請求した事案において、「送金人の名称に誤りがあると受取人をして送金の趣旨の判断を誤らせ、船主に対する用船料の弁済期を徒過させて用船契約の解除を招くおそれのあることを少なくとも知り得べきである」と判示し、銀行の予見可能性があったとして特別損害の支払を認めた裁判例があります（東京地判昭和51・1・26金融法務事情794号30頁）。

⑶　災害等による免責

　振込規定ひな型11条は、「災害等による免責」として、①災害・事変、輸送途中の事故、裁判所等公的機関の措置等のやむを得ない事由があったとき、②当金融機関または金融機関の共同システムの運営体が相当の安全対策を講じたにもかかわらず、端末機、通信回線またはコンピュータ等に障害が生じたとき、③当金融機関以外の金融機関の責に帰すべき事由があったとき、の各事由によって振込金の入金不能・入金遅延等があっても、これによって生じた損害については、当金融機関（仕向金融機関）は責任を負わないことを規定しています。

Q105 被仕向金融機関の受取人口座が解約されていた場合の取扱い

取引先である有限会社Ａ商店の当座預金に対して、他金融機関から振込がありましたが、Ａ商店は、昨日、取引停止処分を受けたため、Ａ商店の当座預金は解約済みでした。

しかし、Ａ商店は取引停止処分後も営業は継続しており、営業資金の入出金はＡ商店の普通預金口座で行っています。Ａ商店の代表取締役Ｂは、「Ａ商店宛の振込金は、Ａ商店の売掛金の回収代金の一部なので、Ａ商店の普通預金口座に入金してほしい」との申出がありました。

この申出に応じてもよいのでしょうか。

answer

仕向金融機関への照会を省略して、Ａ商店の普通預金口座へ入金すると、仕向金融機関に対する受任事務に違反することになり、損害賠償責任を問われるおそれがあります。

対応方法としては、Ａ商店の当座預金口座が取引停止処分により解約された直後であり、返却理由が明らかな場合に該当するので、仕向金融機関への照会を省略して振込金を返却する方法が考えられます。ただし、Ａ商店の代表取締役Ｂが同社の普通預金口座に入金するよう依頼しているので、仕向金融機関に照会してその指示を待つ方法も考えられます。

▶ **解説** explanation

❶ 振込の法的性質、被仕向金融機関と受取人との関係

　振込の法的性質について通説・判例は委任契約としており、依頼人と仕向銀行および仕向金融機関と被仕向金融機関との関係は、いずれも委任者と受任者の関係となります。したがって、被仕向金融機関は仕向金融機関の指示に従って受任事務を処理する義務を負い、その受任事務を履行した結果、被仕向金融機関の受取人の預金口座に振込金が入金されることになります。

　振込依頼人と仕向金融機関との振込契約は第三者（振込金の受取人）のためにする契約とする説に立てば、受取人から受益の意思表示があれば、支払委託の取消しのない限り、被仕向金融機関は受取人に対して支払義務を負うことになります。しかし、通説・判例が立つ委任契約説によれば、被仕向金融機関は受取人に対して支払義務を負うことはありません。

　被仕向金融機関と受取人との関係は、単なる預金取引の関係であり、受取人の預金口座宛に振込があった場合には当該口座へ入金する旨の預金規定に基づき入金することになります。

❷ 受取人口座の有無と振込契約の効力

　振込手続は、振込依頼書に受取人の預金口座を明示して行いますが、振込依頼人と仕向金融機関との間の振込契約は、受取人の預金口座が被仕向金融機関に存在するか否かにかかわらず成立します。受取人の預金口座がない場合には、振込事務を処理できないだけであって、振込契約の成否には関係がありません。

　受取人の預金口座が存在しない場合は、被仕向金融機関は該当口座なしとして資金を返戻しますが、これらの処理は委任事務処理の態様の１つであり、受取人の口座がなくても委任契約が無効となるものでもありません。

❸ 被仕向金融機関の善管注意義務

振込における被仕向金融機関は、仕向金融機関に対して委任契約の受任者として善良な管理者としての注意をもって振込事務を処理する義務を負っています。

そして、仕向金融機関から受け取った振込通知に基づいて、指定された受取人の預金口座に振込金を入金する義務を負っていますから、受取人の預金口座がないとか、受取人名が相違しているなどの場合には、内国為替取扱規則では、これを入金不能として取り扱うこととしています。また、入金不能分については、直ちに仕向金融機関に照会してその指示を待つか、取引解約後で返却理由の明らかなものは仕向金融機関への照会を省略して返却してよいことになっています。

❹ 質問の場合

質問の場合は、受取人の当座預金口座が取引停止処分により解約された直後であり、返却理由が明らかな場合ですから、仕向金融機関への照会を省略して返却する方法が考えられます。ただし、受取人A商店の代表取締役Bが同社の普通預金口座に入金するよう依頼しているので、仕向金融機関に照会してその指示を待つ方法も考えられます。

なお、仕向金融機関への照会を省略して、A商店の代表取締役Bの依頼に応じて同社の普通預金口座へ入金すると、仕向金融機関に対する受任事務に違反することになり、A商店が取引停止処分を受けていることから振込依頼人に不測の損害が生じることが予測できたなどとして、被仕向金融機関が受任義務違反による損害賠償責任を問われるおそれがあります。

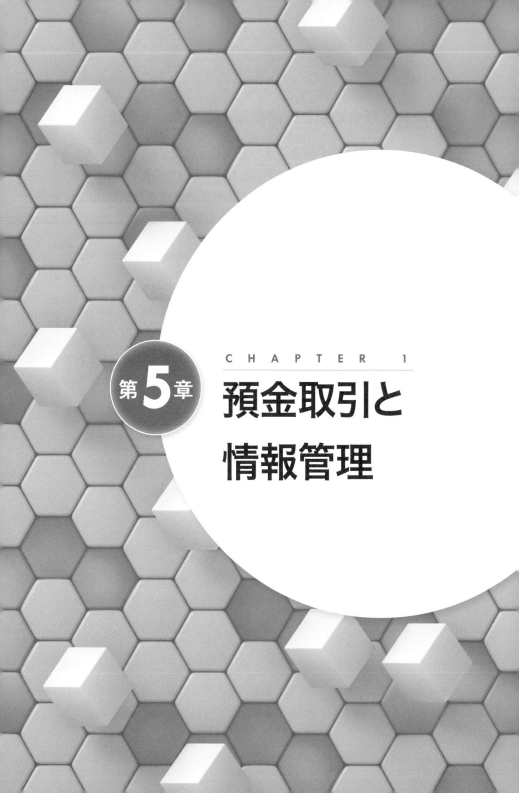

第5章

CHAPTER 1

預金取引と
情報管理

Q 106 預金取引と守秘義務・個人情報保護法

取引先Aの預金証書の紛失届が提出されたのですが、記載内容に不備があったためAと連絡をとるべく自宅へ電話しました。A本人が不在で家族が電話に出た場合、どこまで話をしていいのでしょうか。

A answer 質問の場合は、「○○金融機関○○支店の○○ですが、お電話くださるようご連絡願います」と伝言を頼む程度にします。夫婦、親子の間でも取引内容を漏らすと、守秘義務違反や「個人情報の保護に関する法律」（以下「個人情報保護法」という）違反を問われることになります。

▶ **解説** explanation

❶ 守秘義務の法的根拠と対象

金融機関には、取引先との預金取引等に際して知った事項や、これに関して知り得た事項（住所・氏名・口座番号・残高・取引内容・信用状態など）については、正当な理由なく他に漏らしてはならないという守秘義務があるとされています。

この守秘義務の法的根拠としては、明文の規定はないものの、①金融業界における商慣習に基づくものであるとする商慣習説、②金融取引における信義則上の義務であるとする信義則説、③金融取引に際して、取引先の

秘密について金融機関が守秘義務を負うことを明示または黙示に合意しているとする契約説などがあります。

　いずれの説に立っても、単なる道徳上の義務ではなく法律上の義務であり、金融機関が正当な理由なく取引先の秘密を漏えいし、取引先に損害が発生した場合は、金融機関は債務不履行ないし不法行為に基づく損害賠償責任を負うことになります。

❷　守秘義務の対象となる事項

　守秘義務の対象となる事項は、個人や法人のほか、権利能力なき社団（マンション管理組合やＰＴＡなど）などとの取引等を通じて、直接・間接に知った当該個人や法人等の財産状態（預貸金残高等）や取引状態に関する事項、およびこれに基づいて形成された判断ないし評価（貸出先の財務状況や信用格付等）を広く含むと解されています。

❸　預金取引と個人情報保護法

　個人情報取扱事業者である金融機関は、預金取引等に際して取得する個人情報（氏名・生年月日・住所等の生存する個人に関する情報であり特定の個人を識別できるもの、および個人識別符号が含まれるもの）のうち個人データ（個人情報データベース等を構成する個人情報）については、個人情報の保護に関する法律（以下「個人情報保護法」という）に基づき、その漏えい、滅失または毀損の防止その他個人データの安全管理のために必要かつ適切な措置を講じることが義務付けられています（個人情報保護法23条）。また、法令に基づく場合等、一定の場合を除き、本人の同意を得ないで第三者に提供することが禁止されています（同法27条）。

❹　守秘義務または個人情報保護法に違反した場合の責任

　金融機関の従業者等が、守秘義務に違反して預金者の情報を漏えいし、本人（預金者）に損害が発生した場合、当該従業者等は、債務不履行責任

（民法415条）ないし不法行為責任（同法709条）を負うことがあり、金融機関も使用者責任（同法715条）を問われるおそれがあります。

　個人情報取扱事業者である金融機関は、個人データの第三者提供違反や安全管理義務違反を引き起こした場合、管理態勢等に問題があるとして、勧告および勧告措置命令等の対象となります（個人情報保護法148条）。

　勧告措置命令等に違反した者は、1年以下の懲役または100万円以下の罰金（金融機関にも1億円以下の罰金）に処せられます（同法178条・184条）。

　また、金融機関の従業者等が、その業務に関して取り扱った個人情報データベース等を自己もしくは第三者の不正な利益を図る目的で提供または盗用した場合は、1年以下の懲役または50万円以下の罰金（金融機関にも1億円以下の罰金）に処せられます（同法179条・184条）。

❺　事例の場合

　当然のことながら、夫婦、親子の間でも預金取引等の秘密というものが存在すると考えるべきあり、夫婦や親子といえども本人の同意を得ないで取引内容等を漏らすと、守秘義務違反や個人情報保護法違反を問われることになります。

　したがって、質問の場合は、「○○金融機関○○支店の○○ですが、お電話くださるようご連絡願います」と伝言を頼む程度にします。

Q107 税務調査と守秘義務・個人情報保護法

預金取引先A社とその従業員Bら数名について、税務署の任意調査があったためこれに応じました。

ところが、後日、A社の管理部長から、「任意調査なので調査に応じてほしくなかった。今後は任意調査には応じないでほしい。また、従業員Bらに対して適正な税務申告をさせるため、厳秘扱いにするのでBらの預金口座の入出金データの写しを提供してほしい」との申出を受けました。どのように対応すれば良いでしょうか。

A answer

任意調査で最も多い国税通則法等に定める質問検査権（国税通則法74条の2等）に基づくものは、金融機関は正当な理由がない限り拒絶できません。なお、調査対象者の承諾が得られないことは正当事由に該当しません。また、本人（預金取引先）の同意を得ずに預金取引等について税務調査に応じても、金融機関の守秘義務は免除され、個人情報保護法上も許されますが、本人の同意を得ずに第三者に預金の入出金データの写しを提供すると、守秘義務違反および個人情報保護法違反を問われることになります。したがって、金融機関は、Bらの同意が得られない限り、Bらの預金口座の入出金データ写しの提供は謝絶しなければなりません。

❶ 任意調査の拒絶と正当理由

　税務署が行う調査には、任意調査と強制調査とがありますが、国税通則法の規定に基づく強制調査の場合は、裁判官の許可を得て行われるものであるため、これを拒否することはできません（国税通則法132条1項）。

　任意調査の場合は、最も多いのは国税通則法等に定める質問検査権（同法74条の2等）に基づくものですが、金融機関に対して帳簿書類等を検査することができ、金融機関は正当な理由がない限り拒絶することはできません。

　正当な理由がある場合とは、たとえば、調査のため来店した税務署員に身分証明書の提示を求めたのにもかかわらず提示を拒否された場合や、任意調査の根拠となる「金融機関の預貯金等の調査証」等の提出を求めたのにもかかわらず提出を拒否された場合のほか、被調査者を特定しない調査の場合などです。

　なお、税務調査が行われるのは、納税者に脱税の疑いがある場合ですから、たとえば、事前に預金者から「任意調査に応じないでほしい」と要請されたとしても、当該税務調査を拒否する正当な理由にはなり得ません。

❷ 守秘義務の例外

　顧客の明示または黙示の承諾がある場合のほか、金融機関と取引先とが訴訟になり金融機関自身の利益を守るために必要な場合や法令に基づいて公権力が発動される場合には、守秘義務は例外的に免除されます。

　なお、法令に基づいて公権力が発動される場合とは、①裁判所の文書提出命令・検証（民事訴訟法223条・232条）、②裁判所の令状に基づく捜査機関の押収・捜査・検証（刑事訴訟法99条・102条・128条）、③監督主務官庁による報告、資料の提出・検査（銀行法24条・25条）、④課税上または滞納処分・犯則処分のためになされる税務職員、徴収職員の質問検査権、捜査

権（国税通則法74条の2・131条・132条、国税徴収法141条・142条等）などがあります。

❸ 個人データの第三者提供の例外

　個人データの第三者提供について、本人の同意が不要となる場合は、①法令に基づく場合（警察、裁判所、税務署等からの照会）、②人の生命・身体・財産の保護に必要な場合（災害時の被災者情報の家族・自治体等への提供など、本人同意取得が困難な場合）、③公衆衛生・児童の健全育成に必要な場合（児童・生徒の不登校や児童虐待のおそれのある情報を関係機関で共有する場合など、本人同意取得が困難な場合）、④国の機関等の法令の定める事務への協力の場合（国や地方公共団体の統計調査等への回答）、⑤委託、事業承継、共同利用の場合、などです（個人情報保護法27条）。

❹ 金融機関の守秘義務違反の問われた裁判例

　質問と同様の事案について、東京地裁昭和56年11月9日判決は、預金者は、預金の残高入出金について濫りに第三者に知られないことについて利益を有し、同利益は法律上保護に価するものであり、銀行またはその被用者が職務上正当な理由がなく右守秘義務に反して預金契約者の預金内容等を第三者に漏洩し、そのために預金契約者が損害を被ったときは、銀行は債務不履行もしくは不法行為として右損害を賠償すべき義務があるとしています（金融法務事情1015号45頁）。

Q 108 警察署の任意捜査等と守秘義務・個人情報保護法

警察署から「犯罪捜査のために必要」として、取引先の預金取引状況の照会がありました。このような照会に応じる義務があるのでしょうか。また、守秘義務や個人情報保護法に反することはないでしょうか。

A answer
警察官（司法警察職員）は、犯罪捜査のため、公私の団体等に照会して必要な事項の報告を求めることができますが、回答義務はありません。

ただし、公益目的の制度ですから、原則として照会に応じるべきであり、警察官の身分証明書や捜査関係事項照会書の提出を受けて照会内容を確認し、当該特定の照会内容のみ回答します。このように対応すれば、守秘義務や個人情報保護法に反しません。

▶ **解説** explanation

❶ 任意捜査と強制捜査

　警察官（司法警察職員）は、犯罪の捜査については、公務所または公私の団体に照会して必要な事項の報告を求めることができます（刑事訴訟法197条2項）。この照会は任意捜査によるものであり、法的には回答義務がありません。

　しかし、金融機関が謝絶したために目的を達成できない場合は、裁判官

の発する令状により強制捜査に切り替えて、差押え、記録命令付差押え、捜索または検証することができ（同法218条１項）、金融機関は、この強制捜査を拒むことはできません。

❷ 任意捜査への回答と守秘義務・個人情報保護法

　刑事訴訟法に基づく任意捜査は、犯罪捜査という公益目的の制度ですから、特別な事情のない限りこれに応じるべきであり、預金者本人の承諾を得ないで回答しても、金融機関が守秘義務違反を問われることはありません。

　また、個人情報保護法上も、法令に基づく場合であるため本人の承諾を得ないで回答することが認められています（個人情報保護法27条１項１号）。

❸ 回答に際しての留意点

　任意捜査に回答する場合は、警察官に身分証明書の提示を求め、「捜査関係事項照会書」の提出を受けて当事者（預金者）および照会内容を確認し、問題がなければ当該特定の照会内容のみ回答するようにします。

Q 109　弁護士法23条の2に基づく照会と守秘義務・個人情報保護法

預金取引先Aの住所と漢字氏名について、弁護士会から弁護士法23条の2に基づく照会の書面が届きました。照会の内容は、被害者が無届けの貸金業者であるAに対して被害回復のための裁判を提起するために、Aの住所と漢字氏名の情報が必要というものです。開示に応じてもよいでしょうか。

A answer

質問のように、Aが無届けの貸金業者であることが判明した場合には、照会の理由が正当なものであり、かつ、照会内容が住所と漢字氏名の場合ですから、Aの不同意を理由とする開示謝絶は正当な理由がないとされるおそれがあります。したがって、原則としてAの同意を得なくても開示に応じるべきと考えられます。

▶ **解説** explanation

❶ 個人情報の第三者提供禁止と例外

取引先との預金取引等の取引内容について、第三者やその代理人弁護士等から照会を受けた場合、取引先本人の承諾を得ないでこれに応じると守秘義務違反を問われます。

また、個人情報や個人データの場合は、個人情報保護法によって、本人の承諾を得ない第三者提供は原則として禁止されています。本人の承諾を

得ないで第三者に情報提供することが例外的に許される場合は、法令に基づく場合等、一定の場合に限られます。

❷ 弁護士法23条の2に基づく照会に対する一般的な対応と判例

　弁護士法23条の2に基づく弁護士会による照会や家庭裁判所からの照会（家事事件手続法62条）等については、取引先の了解を得なければ守秘義務に反すると解する考え方もあるため、原則として本人の承諾を得ておく扱いが一般的となっています。

　しかしながら、弁護士法23条の2に基づく照会に関する裁判例においては、照会を受けた金融機関にはこれに答える義務があり、守秘義務にも違反しないものとする判断が示されています（大阪高判平成19・1・30判決・金融・商事判例1263号25頁）。

　また、弁護士会照会の照会事項に対する報告義務等に関する判例は、「……、23条照会を受けた公務所又は公私の団体は、正当な理由がない限り、照会された事項について報告をすべきものと解される……」としており（最判平成28・10・18金融・商事判例1507号14頁）、岡部喜代子裁判官の補足意見では、「23条照会の制度の趣旨は、……弁護士が受任している事件を処理するために必要な事実の調査及び証拠の発見収集を容易にし、事件の適正な解決に資することを目的とするものであり、照会を受けた公務所又は公私の団体は照会を行った弁護士会に対して報告をする公法上の義務を負うものである。ただ、……報告を拒絶する正当な理由があれば全部又は一部の報告を拒絶することが許される。……各照会事項について、照会を求める側の利益と秘密を守られる側の利益を比較衡量して報告拒絶が正当であるか否かを判断するべきである。」としています。

　そして、この最高裁判例の差戻審である名古屋高裁平成29年6月30日判決においては、郵政事業会社は、弁護士法23条の2に基づき、提出された可能性のある転居届に関し、その有無、提出年月日、転居届記載の新住所（居所）について照会された場合には、郵便法8条2項に基づく守秘義務よ

り弁護士法23条の２に基づく報告義務が優越し、その報告拒絶には正当な理由がないと判示しています（金融・商事判例1523号20頁）。

❸ 判例を踏まえた対応

　事件の内容によっては、本人の承諾を得ることなく照会に応じるべき場合がありうるものと考えられます。

　質問の場合は、その照会の理由が、Ａが無届けの貸金業者であり、その違法な取立等により損害を被った被害者が、被害回復のための裁判を提起するためにＡの住所と漢字氏名等の情報が必要というものであり、原則としてＡの同意を得なくても開示に応じるべきものと考えられます。

　これに対し、商取引上のトラブル関係にある相手方の弁護士が所属する弁護士会から、金融機関の取引先の預金取引内容について照会があった場合は、預金者本人の承諾が得られなければ、原則として回答に応じないという対応も検討すべきです。

　また、弁護士法23条の２に基づく犯罪履歴の照会に対して、本人の承諾を得ないで回答した役所が守秘義務違反を問われた判例があります（最判昭和56・４・14民集35巻３号620頁）。犯罪履歴は個人情報保護法２条３項が定める要配慮個人情報であり、「金融分野における個人情報保護に関するガイドライン」の５条に規定される機微（センシティブ）情報に該当しますが、機微情報については、法令等に基づく場合など一定の場合を除くほか、取得、利用または第三者提供を行わないこととされています。

　なお、金融機関と弁護士会が協定を締結し、債務名義に表示された債務者に係る預金口座の有無や取引店、口座種別、残高について、債務者の同意を得ないで弁護士法23条の２に基づく照会に応じるが、これにより債務者から損害賠償請求訴訟が提起された場合は、弁護士会は訴訟参加等の協力をするとともに、金融機関が敗訴し弁護士会に法的責任がある場合は金融機関の求償に応じることや、金融機関は適切な手数料を得る、などの対応もあるようです（香月裕爾「弁護士会照会と金融機関の対応－名古屋高裁平成29年６月30日判決の理論と実務」銀行法務21第820号４頁参照）。

Q110 情報提供命令と守秘義務・個人情報保護法

預金取引先Aの預金に関する情報について、執行裁判所から、民事執行法に基づく情報提供命令の送達を受けました。これに回答しても、守秘義務や個人情報保護法違反を問われることはないでしょうか。

A answer

この情報提供命令は、預金債権等に関する情報取得制度に基づくものであり、これに回答しても、守秘義務や個人情報保護法違反を問われることはないものと考えられます。また、本制度の趣旨を踏まえ、Aに対する当該手続が実施されている旨の通知は避けるべきでしょう。

▶ **解説** explanation

❶ 預金債権等に関する情報取得制度

　令和2年4月1日に民事執行法等の一部を改正する法律が施行され、債務者の財産に関する情報を債務者以外の第三者から取得する手続が新設されましたが、預金債権等に関する情報取得制度（以下「預金情報取得制度」という）もその1つです。

　預金情報取得制度は、債権者が、金融機関から、債務者が有する預金債権に関する情報を取得する手続です。

　その方法は、執行力ある債務名義を保有する債権者の申立に基づき、執行裁判所が金融機関に対して情報の提供を命じる情報提供命令によって行

われます（民事執行法207条）。具体的には以下のとおりです。

(1) 申立書に記載すべき事項

　情報提供命令の申立書に記載すべき事項は、①申立人、債務者および情報の提供を命じられるべき者の氏名・住所、②申立の理由、③不動産に係る情報取得手続を申し立てるときは、検索を求める土地等の所在地の範囲です。

(2) 提供すべき情報の種類

　情報提供命令の送達を受けた金融機関が提供すべき情報は、債務者（預金者）の有する預金債権に対する強制執行または担保権実行の申立をするのに必要な事項であり、①預金債権の存否、②預金債権を特定する事項等として、債務者の預金債権の取扱店舗、預金債権の種別、口座番号および額とされています。

　なお、情報提供命令は、金融機関の本店に送達されるので、「預金債権の取扱店舗」については、当該金融機関の日本国内に所在するすべての店舗における債務者の預金債権を情報提供する必要があるとされています。

　また、情報提供すべき「預金債権の額」については、情報提供命令の調査基準日時点における預金残高の全額であり、預金口座の取引履歴や先行する差押え等の有無などの情報は提供する義務はないものと考えられます。

(3) 回答方法

　情報提供命令の送達を受けた金融機関は、執行裁判所に対して、情報提供命令に添付された書面（情報提供書）により情報の提供をしなければなりません。この情報提供書の提出期限は法定されていませんが、東京地方裁判所においては、2週間以内に執行裁判所に情報提供書が到着するよう協力要請しています。

(4) 東京地方裁判所の取扱いと留意点

　裁判所は、債権者による情報提供命令の申立書と添付書類から要件が満たされていると判断した場合、情報提供命令を発令し、第三者（金融機関等）および申立人に対し、情報提供命令正本を送付します。情報提供命令を受けた金融機関は、①預金債権の存否、②預金債権を取り扱う店舗、③預

金債権の種別、口座番号および額、に該当する情報を情報提供書に記載して情報提供します。

そして、金融機関等による情報提供が裁判所にされた日から1か月を経過すると、裁判所から債務者（預金者）に対して、（債権者に債務者の預金等の情報が提供された旨の）情報提供通知が送付され、この時点で債務者は、債権者に預金債権の情報が提供されたことを知ることになります。

したがって、債権者は、金融機関が情報提供に応じてから、概ね1か月以内に債務者の預金債権について、差押え等の強制執行を行うものと考えられます。

❷ 金融機関の守秘義務・個人情報保護義務と情報提供命令

(1) 個人情報の第三者提供禁止と例外

取引先との預金取引等の取引内容について、第三者やその代理人弁護士等から照会を受けた場合、取引先本人の承諾を得ないでこれに応じると、守秘義務違反を問われます。

また、個人情報や個人データの場合は、個人情報保護法によって、本人の承諾を得ない第三者提供は原則として禁止されています。本人の承諾を得ないで第三者に情報提供することが例外的に許される場合は、法令に基づく場合等、一定の場合に限られます。

(2) 情報提供命令と銀行の守秘義務・個人情報保護義務

情報提供命令による預金債権に関する情報の提供は、民事執行法等に基づき金融機関が情報提供義務を負うことによるものです。ただし、情報提供命令に従って情報提供をした場合に、金融機関が守秘義務違反を問われない旨の規定は定められておらず、情報提供を拒否した場合の罰則規定もありません。

そうすると、弁護士法23条の2による照会の場合と同様に、預金者（債務者）の同意を得ないで情報提供命令に応じた場合に、守秘義務違反を問われないかどうかが問題となります。この点、情報提供命令を受けた金融

機関は、情報提供をする公法上の義務を負うものの、情報提供を拒絶する正当な理由があれば全部または一部の報告を拒絶することが許されるものと考えられ、正当な理由があるか否かは、各照会事項について、照会を求める側の利益と秘密を守られる側の利益を比較衡量して報告拒絶が正当であるか否かを判断するべきものと考えられます（最判平成28・10・18金融・商事判例1507号14頁、岡部喜代子裁判官の補足意見参照）。

　この点について、情報提供命令が発出されるのは、債権者が財産開示手続の要件を満たしており、当該債権者に対して債務者自身が財産開示手続に基づく財産の開示義務を負担する状況があって、債務者は当該債権者に対して財産状況を秘匿する利益を有していないため、金融機関が情報を開示しないことにより守られる利益はほとんどないものと考えられます。

　このような利益の比較衡量から、金融機関が預金者の同意を得ないで情報提供命令に応じても、当該預金者に対する守秘義務違反や個人情報保護法違反を問われることはないものと考えられます。

　また、情報提供が裁判所にされた日から1か月を経過すると、裁判所から債務者（預金者）に対して、債務者の預金等の情報が債権者に提供された旨の情報提供通知がされるので、債権者は、その前に差押え等の強制執行を行うものと思われます。したがって、債権者の権利実現の実効性を向上させるという当該制度の趣旨を踏まえ、金融機関等から預金者への情報提供通知は避けるべきでしょう。なお、情報提供命令に応じた金融機関は、報酬および必要な費用として、1件につき2000円を請求することができます。

CHAPTER 1

第**6**章

当座勘定取引と
手形・小切手

Q111 当座預金口座開設時の金融機関の信用調査

新規開業のために設立されたＡ株式会社と当座預金取引を開始しましたが、Ａ社は半年後に不渡事故を引き起こして取引停止処分を受け、倒産しました。調査したところ、企業としての実態はなく、Ａ社との手形取引等により商品をだまし取られた企業が続出しました。信用調査に問題があったとして、被害を被った企業（手形所持人）から損害賠償責任を追及されたらどうなるのでしょうか。

A answer 金融機関が手形所持人に対して損害賠償責任を負担することは原則としてないと思われますが、少し注意すればＡ社の企業実態がなかったことを容易に知り得たにもかかわらず、漫然と当座預金取引を始めたなどの事情がある場合は、責任を問われるおそれがあります。

▶ **解説** explanation

❶ 信用調査の目的

手形の経済的な働きは信用利用であり、小切手は、日常の安全な支払決済手段として用いられることなどから、手形や小切手は、一定の信用力のある者によって利用されるべきものです。

したがって、当座預金取引の開始にあたっては、金融機関は相手方を調査することにしていますが、それは経営に問題がある先、特に経営破たんのおそれのある事業者や会社、経営実態のない詐欺的な会社等を排除するためです。

　この点については、判例・通説も金融機関が信用調査をするのは不良取引先排除のためであって、手形所持人等、第三者のために調査するものではないとしています（名古屋地判昭和48・2・1金融・商事判例361号17頁）。

❷ 重過失によって経営実態の不存在を見抜けなかった場合

　金融機関が少し注意すれば、経営実態のない詐欺的な会社であることが容易に判明したにもかかわらず、漫然と取引を始めたために第三者が取り込み詐欺に遭い、不渡手形をつかまされ損害を受けたというような場合は、例外的に当該金融機関の責任が問われるおそれがあります（東京地判昭和49・8・8金融法務事情749号36頁）。

Q112 当座勘定契約解約後の未使用手形の回収

取引先が取引停止処分により倒産したため、当座勘定取引を解約しましたが、未使用の手形用紙が悪用され、事情を知らない第三者が多額の損害を被りました。この場合、未使用の手形用紙を回収しなかった場合は、第三者が被った損害について不法行為責任を問われるのでしょうか。

A answer

金融機関には、未使用手形の回収義務はありませんが、思わぬ被害が発生するおそれがある以上、社会的責任上も、このようなリスクを発生させないためにも、回収に務めるべきでしょう。

▶ 解説 explanation

❶ 未使用手形の悪用事例

当座勘定取引解約後、未使用の手形用紙が横流しされて、用紙を手に入れた者がこの用紙を悪用して不当な利益を得るというケースがあります。たとえば、事情を知らない第三者から手形と引換えに商品を取り込んで転売し、手形は不渡りにするというケースです。

❷ 未使用手形の回収義務の有無と回収努力

損害を被った不渡手形の所持人から、金融機関には未使用用紙回収義務があるのにこの義務を怠ったとして、不渡手形金相当額の損害賠償を求め

られるおそれがありますが、この点について判例は、金融機関の回収義務を否定しています（最判昭和59・9・21金融・商事判例707号3頁）。

　ただし、被害の発生を未然に防止するためにも、金融機関は回収努力を怠ってはなりません。容易に回収できるにもかかわらず、漫然と放置したため被害が発生したような場合、金融機関の責任が問われるおそれがあります。なお、当座勘定規定では、解約等により当座勘定取引が終了した場合、当座取引先は、直ちに未使用手形や小切手を返還しなければならない旨を規定しています。

Q113 当座勘定取引先の社長が死亡した後の手形の振出

当座勘定取引先Ａ社（株式会社）の社長Ｂが死亡しましたが、まだ新社長は決まっていません。そこで新社長が決まるまでの間、手形の振出はどうなるのでしょうか。

A answer 原則として、新社長が就任するまでは新たな手形の振出行為はできません。あらかじめ代理人が選任され、代理人が手形の振出行為を行う権限がある場合は、引き続き代理人が手形の振出行為をすることができます。

▶ **解説** explanation

❶ 新社長就任までの手形の振出等

株式会社の社長（代表取締役または取締役）が死亡すると、通常は後任の新社長を選任してもらい、その旨を届け出てもらうことになります。株式会社の取締役は、各自株式会社を代表しますが、代表取締役その他株式会社を代表する者を定めた場合は、その者が会社を代表します（会社法349条）。したがって、新社長が就任するまでは新たな手形の振出行為はできません。

なお、社長Ｂが生前振り出した手形については、死亡後に支払呈示されたとしても、Ａ社との支払委託契約（つまり当座勘定取引契約）が社長Ｂの死亡によって終了するわけではありませんので、支払金融機関は、支払

委託の取消しがない限り、当座預金残高の範囲内で支払う義務があります。

(1) 取締役会設置会社の場合

A社が取締役会設置会社の場合は、取締役会によって必ず代表取締役を選任しなければなりません（会社法362条3項）。そこで、この場合は、残りの取締役によって取締役会を開催し新代表取締役を選任する必要があり、新しい代表取締役が決まるまでは手形の振出はできません（同法351条1項・2項）。

(2) 取締役会非設置会社の場合

A社が取締役会非設置会社（特例有限会社等）の場合、代表取締役の定めがなく取締役が各自会社を代表していた場合は、他の取締役が手形の振出等の行為をすることができます。しかし、代表取締役の定めがあり、当該代表取締役が死亡した場合は、新しい代表取締役が決まるまでは手形の振出はできません（会社法351条1項・2項）。

❷ 代理人の定めがある場合

手形の振出等につきあらかじめ代理人が定められていて、生前からその代理人に手形を振り出す権限がある場合は、社長Bの死亡後も当該代理人による手形の振出は可能です。

Q114 個人当座勘定取引先が死亡した場合

当座預金取引先Ａが死亡して相続が開始しました。
Ａの相続人は配偶者Ｂと子Ｃ・Ｄとなっています。Ａ
が生前に振り出した小切手が支払呈示された場合、
どのように対応すればよいでしょうか。

A answer 支払呈示された小切手については、「振出人等の死亡」
（０号不渡事由）により不渡返還するか、あるいは、相
続人の同意を得たうえで、当座預金残高の範囲内で支
払うことも可能です。

▶ **解説** explanation

❶ 当座勘定取引の性質と相続開始による終了

　当座勘定取引の法的性質について通説は、金銭の消費寄託契約と手形・
小切手の支払についての支払委託契約とが結合したものと解しています。
この支払委託契約は無償ですし、委託者Ａ（当座預金者）の利益のみを目
的とする契約ですから、委託者Ａにおいていつでも解除することができ、
また委託者Ａの死亡により当然に終了します（民法653条１号）。

❷ 金融機関がＡの死亡を知らなかった場合

　民法655条は、「委任の終了事由は、これを相手方に通知したとき、又は
相手方がこれを知っていたときでなければ、これをもってその相手方に対
抗することができない」と定めているので、金融機関が、委託者Ａの死亡

について過失なく知らない場合は、支払呈示された手形や小切手を支払っても問題になることはありません。

❸ 金融機関がAの死亡を知った場合の対応

⑴「振出人等の死亡」を事由とする不渡返還

金融機関が当座預金取引先Aの死亡を知った場合や、Aの死亡が公知の場合に、支払呈示された手形や小切手を不渡返還する場合の不渡事由は、当座預金取引の委託者死亡による取引終了に伴う「取引なし」（１号不渡事由）と、「振出人等の死亡」（０号不渡事由）が重複します。この場合は、電子交換所規則施行細則上は０号不渡事由（振出人等の死亡）によることになるので、電子交換所システムへの不渡情報登録（不渡返還の登録）は行わないことになります。

また、当座勘定規定は、「この取引が終了した場合には、その終了前に振り出された約束手形、小切手または引受けられた為替手形であっても、当行はその支払義務を負いません」と定めています。これは、委任事務終了後の金融機関の善処義務の免除を受けるための規定であり、相続人B・C・D全員の同意が得られれば、当座預金の残高の範囲内で手形・小切手を支払うことも差支えないと考えられます。

⑵ 金融機関の支払権限に基づく支払

もう１つの方法は、小切手法33条に従い、金融機関が小切手上の支払人として支払う方法があります。同条は、「振出ノ後振出人ガ死亡シ意思能力ヲ喪失シ又ハ行為能力ノ制限ヲ受クルモ小切手ノ効力ニ影響ヲ及ボスコトナシ」と定めています。

つまり、金融機関は、委託者の死亡により支払委託契約上の支払義務を負いませんが、小切手法33条により支払権限は有するので、委託者の死亡後に支払呈示された手形や小切手を有効に支払うことができ、その効果を相続人の計算に帰せしめることができるというわけです。

Q 115 金融機関の白地補充義務

振出日や受取人が白地の手形の取立を依頼された場合、金融機関は当該白地を補充する義務があるのでしょうか。

A answer

白地手形の状態で取り立てて不渡返還された場合、取立依頼人（所持人）は、裏書人に対する遡求権を行使できなくなります。つまり、取立依頼人は、白地を補充して取り立てなければ、思わぬ損害を被るおそれがあります。そこで、当座勘定規定上は、取立依頼人に対しては白地補充を促す規定があり、金融機関には白地を補充する義務はない旨が規定されています。ただし、取立依頼人に対しては、一言補充すべきことを助言してあげるべきでしょう。

▶ **解説** explanation

❶ 白地手形の状態で取り立てた場合の問題点

　手形要件である振出日や受取人が白地の手形は、手形法上は手形としての効力を有しません（手形法２条１項）。しかし、支払金融機関は、当座勘定規定に基づき振出人の承諾を得ないで当該手形を支払うことになり、また、当該手形は、電子交換所規則施行細則上は形式不備とはならないので（同細則33条１項１号）、資金不足の場合は、１号不渡事由により不渡返還することになります。手形要件の一部が白地の状態での支払呈示は無効で

すから（最判昭和33・3・7民集12巻3号511頁）、手形の所持人（取立依頼人）は、たとえば、振出日白地のまま満期に支払のため呈示したとしても、裏書人に対する手形上の権利（遡求権）を行使することができなくなります（最判昭和41・10・13民集20巻8号1632頁）。さらに、その支払呈示期間経過後に白地を補充しても、無効な支払呈示が遡って有効になるものでもありません（前掲最判昭和33・3・7）。

　つまり、資力のある裏書人がいる場合でも、所持人はその裏書人に遡求できなくなるので、思わぬ損害を被ることになり、所持人（取立依頼人）から「金融機関が白地を補充してくれれば遡求できたのに白地のまま支払呈示したので遡求できなくなった。この責任は金融機関にある」と主張されることが考えられます。

❷　金融機関の白地補充義務の有無と預金規定

　この点について、判例は、金融機関に白地補充義務のほか、白地補充を促す義務もないとしており（最判昭和55・10・14金融・商事判例610号3頁）、当座勘定規定のほか普通預金規定にも白地補充義務のない旨を定めています。

　ただし、取立依頼をされたときに要件の白地は明らかですから、利用者保護の視点に立って、ひとこと補充すべきことを助言してあげるべきでしょう。これで、前記のような無用なトラブルは回避できます。

❸　白地補充の方法

　白地補充の方法ですが、手形の振出日は実際に振り出した日を記載する必要はなく、一般的にみて適当な日であればいつでもよいのです。休日であってもかまいませんが、満期より将来の日を記載すると手形が無効となるので満期より前の日を記入するよう注意が必要です。また、受取人は、第一裏書人の名義を記入します。

Q116　手形・小切手の記載事項の訂正・抹消

当座預金に入金依頼された小切手の振出日が訂正されているものの、訂正印がありません。このまま受け入れてもよいのでしょうか。また、取立依頼を受けた手形の被裏書人欄が抹消されている場合、このまま受け入れてもよいのでしょうか。

Aanswer　小切手の訂正後の振出日が先日付でない限り、そのまま入金して取り立てても法的には問題ありません。また、手形の被裏書人欄が抹消されている場合は、白地式裏書としての効力が認められるので、そのまま取り立てても問題はありません。

▶ **解説** explanation

 ❶ **手形・小切手の訂正・抹消の方法**

　手形や小切手の記載事項の訂正や抹消の方法については、法律上何ら定めはありません。一般的には、訂正なら訂正箇所に二本線を引いて余白に正しい記載をするでしょう。また、抹消なら抹消すべき箇所に二本線を引きますが、外観上それとわかればよいのです。

　訂正用具についても、ボールペンはもちろん鉛筆でも訂正等の効力が認められますが、途中で簡単に消されない用具を用いるべきでしょう。

　なお、約束手形用法や為替手形用法、小切手用法では、簡単に消されない用具を用いるように要請するとともに、訂正の記載やなつ印等が、金額

268

欄、金融機関名、ＱＲコード欄に重なることがないよう注意喚起しています。

❷ 訂正印・抹消印の要否

　訂正印や抹消印については、法的にはこれがなくても訂正・抹消の効力が認められます。ただし、実務上は、訂正者や抹消者が誰であるかを明確にするため（つまり、権限のある者による訂正等であるか否かを確認できるようにするため）、印を押印してもらうことになっていると思われます（約束手形用法等）。

　しかし、判例は、たとえば約束手形の裏書のうち被裏書人の記載のみが抹消された場合、当該裏書は、裏書の連続の関係においては、右抹消が権限のある者によって抹消されたことを証明するまでもなく、白地式裏書となるとしています（最判昭和61・7・18民集40巻5号977頁）。

❸ 実務対応策

　小切手の訂正後の振出日が先日付でない限り、訂正印なしのまま入金して取り立てても法的には問題ありません。電子交換所における取扱いも訂正印漏れは形式不備から除かれ、不渡事由とはなりません。なお、訂正後の小切手の振出日が先日付となっていた場合は、取立依頼人にこのまま（つまり、振出日前に）取り立てても問題ないのかどうかを確認したうえで、もしもそのまま取り立てるのであれば念書等（たとえば、振出日前の取立につき振出人が了解済である旨の念書など）を徴求したうえで対応するようにします。

　また、手形の被裏書人欄が抹消されている場合は、無権利者によって抹消されていたとしても白地式裏書としての効力が認められるので、そのまま取り立てても法的にも問題ありません。電子交換所の取扱いも、抹消印の有無を問わず白地式裏書として取り扱うこととしているので、形式不備による不渡事由にも該当しません。

Q117 手形要件（必要的記載事項）以外の手形の
記載事項

手形の記載事項には、手形要件以外にどのようなも
のがあるのでしょうか。

A answer 手形要件以外の記載事項には、記載すれば効力の認め
られる有益的記載事項、記載しても無視される無益的
記載事項、記載すれば手形が無効となってしまう有害
的記載事項などがあります。

▶ **解説** e x p l a n a t i o n

❶ 有益的記載事項

　これは、手形要件のように記載しなければ手形が無効となるのではなく、
記載しなくてもよいが記載すればその効力が認められるというものです。

　(1) **支払場所**

　支払場所（手形法4条・77条2項）は通常印刷済みですが、これが記載
されると、支払呈示期間内の支払呈示については、支払場所に呈示するこ
とを要し、手形の主債務者（約束手形の振出人または為替手形の引受人）
の住所地に呈示しても、支払呈示の効力は認められなくなります。

　一方、支払呈示期間経過後は、支払場所に呈示しても支払呈示の効力は
なく、主債務者の本店や営業所に支払呈示しなければならなくなります。

　(2) **拒絶証書作成不要文句**

　拒絶証書作成不要文句（手形法46条・77条1項4号）は、約束手形や為

替手形の裏書人欄のほか、為替手形や小切手の振出人欄にあらかじめ印刷されています。この記載があると、手形所持人が裏書人等に対して遡求権を行使する場合に、拒絶証書は不要ということになります。

❷ 無益的記載事項

　これは、記載しても無視される（記載なしとして扱われる）もので、何の効力も認められないものです。たとえば、確定日払の手形の利息の約定（手形法5条1項・77条2項）、指図文句（同法11条1項・77条1項1号）、小切手上の満期日の記載（小切手法28条）などです。

❸ 有害的記載事項

　これは、記載すると手形が無効になってしまうものです。たとえば、分割払の定めや条件付支払の定めなどです。

Q118 振出日が満期日より後の手形の効力
....
約束手形の振出日の記載が満期日より将来の日になっ
ている場合、この手形の取立依頼に応じてもよいので
しょうか。

A answer 最高裁判所は、満期の日として振出日より前の日が記
載されている確定日払の約束手形は、無効とする判断
をしています。したがって、振出日を訂正せずに支払
呈示しても、形式不備により不渡返還されるおそれが
あります。

▶ **解説** explanation

❶ 学説の考え方

たとえば、「振出日令和○年10月1日、満期日令和○年9月30日」と記載
されている約束手形の効力については、大別して有効説と無効説がありま
す。有効説は、振出日は手形要件としてはほとんど形式的なものだから記
載されていればよく、満期と振出日の理論的整合性は考える必要はないと
する考え方に立っています。一方、無効説は、振出日が満期日より将来の
日であることは不合理であるから認められないとする立場ですが、無効説
が通説といわれています。

❷ 判例の考え方

判例は、無効説をとることを明確にしています（最判平成9・2・27民

集51巻2号686頁）。この判例は、振出日を白地として振出した約束手形を所持人が満期日を変造し、それに合わせて振出日を補充したうえ、この手形を裏書譲渡したものです。この手形が満期変造で支払拒絶されたので譲受人が支払請求訴訟を提起したところ、振出人は、変造前の満期日を基準にすると（手形法69条）、振出日は満期日より将来の日となるから無効であると主張したものです。

　このような事実関係のもとにおいて、最高裁は、満期の日として振出日より前の日が記載されている確定日払の約束手形について、無効とする判断をしました。

❸ 実務対応策

　約束手形の満期日と振出日が逆転した原因は、白地補充権を有する手形所持人が、同人の遡求権等を保全するため、白地となっていた振出日を補充したものの、間違って記載した場合が多いと思われます。そうであれば、手形所持人が、その間違った振出日を訂正したうえで取立依頼をすれば、適法に取り立てることができます。

Q119 振出日が休日の場合と満期日が休日の場合

確定日払の約束手形の振出日は休日でもかまわないのでしょうか。満期日が休日の場合、手形の支払はどのようになるのでしょうか。

A answer

手形の振出日は、実際に振り出した日を記載する必要はなく、一般的にみて適当な日であればいつでもよいのです。休日であってもかまいませんが、満期より将来の日を記載しないよう注意が必要です。手形の満期日が休日の場合は、これに次ぐ第1の取引日が当該手形の「支払をなすべき日」となります。また、支払呈示期間は、この「支払をなすべき日」とこれに次ぐ2取引日となるので、この期間内に支払呈示しなければなりません。

▶ **解説** explanation

❶ 振出日記載漏れの手形の効力

確定日払の約束手形については、振出日の機能はほとんどないのではないかという考え方があります。しかし、判例は一貫して振出日の要件性を厳格に解釈し、手形要件である振出日や受取人の記載を欠いた手形による手形債権や遡求権の行使をいっさい認めていません（受取人記載漏れの手形につき、最判昭和41・6・16民集20巻5号1046頁。振出日記載漏れの手形につき、最判昭和41・10・13民集20巻8号1632頁）。

❷ 電子交換所規則、当座勘定規定と手形の効力

手形法上要件とされている振出日や受取人の記載漏れについては、電子交換所規則（施行細則33条）上は形式不備とはしないこととされ、当座勘定規定上は、当該記載漏れの手形が支払呈示された場合は、振出人に何ら確認することなく当座預金から支払うことになっています。

しかしながら、これらの規定は、交換事務や当座勘定の支払事務の便宜上定められたものであり、これらの規定によって要件不備のまま支払事務がなされているからといって、要件不備の手形による支払呈示が手形法上有効な支払呈示となるわけではなく、不渡返還された場合の裏書人等に対する遡求権も保全されないことに留意すべきです。

❸ 振出日が休日の手形

振出日は、実際に振り出した日を記載する必要はなく、一般的にみて適当な日であればいつでもよいとされています。休日であってもかまいません。ただし、満期より将来の日を記載すると手形の効力が無効となるので、この点には注意が必要です。

❹ 手形の満期が休日の場合と支払呈示期間

手形の支払呈示期間は、「支払をなすべき日」とこれに次ぐ2取引日となっています（手形法38条1項）。また、手形の満期が休日の場合は次の第1取引日まで支払請求はできないことになっています（同法72条1項）。つまり、満期が休日の手形の「支払をなすべき日」とは、当該満期に次ぐ第1取引日であり、さらにこれに次ぐ2取引日の合計3営業日が支払呈示期間となります（最判昭和54・12・20金融・商事判例588号3頁）。

Q120 手形・小切手の署名（法人の場合）

手形や小切手の法人の署名に代わる記名・捺印のうち、株式会社を㈱と略されている場合があります。このあような略記による振出や裏書は問題ないでしょうか。また、法人の代表者の記載は不可欠でしょうか。

A answer

株式会社の略記は無効とはいえないものの、実務上、何ら支障はないともいえないので、割引手形や担保手形として取得することは極力避けるべきでしょう。また、法人の手形行為については、代表者の署名が不可欠との判例があるので、代表者名が欠けている場合は当該振出や裏書は無効となります。

▶ **解説** explanation

① 法人の署名の方法（判例の考え方）

法人（株式会社等）の手形行為（振出行為や裏書行為など）について判例は、当該法人の代表機関が法人のためにすることを明らかにして、自己の署名をすることを要するものと解すべきであり、「住所地　A商事株式会社　同会社印および代表者印」と記載されているだけでは、A商事株式会社の署名があるとはいえないとしています（最判昭和41・9・13金融・商事判例22号17頁）。つまり、「住所地　A商事株式会社　代表取締役　甲野太郎　同会社印および代表者印」というように署名（記名捺印）しなければならないというわけです。

❷ 株式会社を㈱と略してある裏書等

振出人や裏書人が株式会社の場合、（株）と略して表示してあるものがありますが、これは略記であって手形の署名としては好ましくありません。ただし、無効の署名か否かといえば無効とはいえません。なぜなら、（株）という表示で株式会社であることは判断できるからです。

❸ 代表者の記載の欠ける署名の効力

前述のとおり、法人の手形行為としての署名（または記名捺印）は、「A商事株式会社　代表取締役　甲野大郎　同会社印および代表者印」というように記載しなければなりませんが、これが「A商事株式会社　同会社印　代表者印」となっているなど、代表者名が欠けている場合は、当該振出や裏書は無効となります。

Q121　手形を偽造された者の責任

当座取引先Aから、支払呈示された手形は振り出した覚えがない。何者かによって偽造されたものであり不渡返還してほしいとの依頼を受けました。どのように対応すればよいでしょうか。

A answer

被偽造者Aは振出行為に何ら係わっていないため、原則として支払責任を負いません。ただし、偽造は第2号不渡事由であるため、Aは、金融機関に対して異議申立手続を依頼しないと不渡処分を受けることになります。Aは、被偽造者であり基本的には手形債務を負いませんが、手形所持人から、表見代理の類推適用や、使用者責任として責任追及されるおそれがあります。

▶ **解説** explanation

❶ 手形の偽造と被偽造者の物的抗弁

　手形や小切手の振出署名が無権限者によってなされた偽造の場合、被偽造者は、振出についてはまったくかかわりがありません。被偽造者が不知の振出責任を負わされることは不合理ですから、被偽造者は基本的に手形債務を負うことはなく、手形所持人に対して支払を拒絶することができます。これを物的抗弁といいます。

❷ 手形所持人の偽造者または本人（被偽造者）に対する手形金等請求の方法

一方で、手形の所持人は、偽造の事実を知らないで手形を取得したのに支払が受けられないのは不合理です。そこで学説・判例は、次のような工夫をして両者の調整を図っています。

(1) 偽造者に対する請求

偽造者に対して手形の無権代理の規定を類推適用して、その責任を追及するという考え方です（最判昭和49・6・28金融・商事判例418号2頁）。これは、手形法8条による無権代理人の責任は、責任負担のための署名による責任ではなく、名義人本人が手形上の責任を負うかのように表示したことに対する担保責任であると解すべきところ、手形偽造の場合も、名義人本人の氏名を使用するについて何らの権限のない者が、あたかも名義人本人が手形上の責任を負うものであるかのように表示する点においては、無権代理人の場合とかわりはなく、手形署名を作出した行為者の責任を論ずるにあたり、代理表示の有無によって本質的な差異をきたすものではなく、代理表示をせずに直接本人の署名を作出した偽造者に対しても、手形法8条の規定を類推適用して無権代理人と同様の手形上の担保責任を負わせてしかるべきものと考えられるというものです。

(2) 本人（被偽造者）に対する請求

表見代理を類推適用して被偽造者の責任を追及するというものです（最判昭和43・12・24金融・商事判例152号8頁）。これは、被偽造者の親戚に当たる者（無権限者）が自己の利益のために被偽造者名義の手形を振り出した事案について、同手形の振出行為は偽造に当たるものの、当該手形振出が本人（被偽造者）から付与された代理権の範囲を超えてなされたものであり、かつ、手形受取人において右無権限者が本人（被偽造者）名義で手形を振り出す権限ありと信ずるにつき正当の理由がある等の事実関係のもとにおいては、本人（被偽造者）は、民法110条の類推適用により、右手形について振出人としての責めに任ずる、と判示しています。また、本人

に使用者責任を求めるものもあります（最判昭和32・7・16民集11巻7号1254頁）。

③ 異議申立手続

　異議申立手続は、支払金融機関が、振出人等から異議申立依頼書の提出を受けるとともに、不渡手形・小切手金額と同額の異議申立預託金の預入れを受けたうえで、電子交換所に異議申立書を提出することにより行うことになります（電子交換所規則45条1項・2項、同施行細則38条）。

　被偽造者は、基本的には手形債務を負いませんが、偽造を理由とする不渡は第2号不渡事由のため、異議申立手続をしないと不渡処分を受けることになります。

　なお、偽造の主張については、警察署への告訴状の写しとその受理証明書（写）、振出人等の陳述書など所定の書類を提出し、電子交換所の審査機関の審査の結果、偽造の主張が相当であると認められた場合には、異議申立預託金の預託が免除されます（電子交換所規則45条2項ただし書・3項、同施行細則39条）。

Q 122 融通手形の取立依頼

取引先Aは、B振出の約束手形（手形金額：500万円、振出日：令和○年11月30日、満期日：翌年4月30日）を第一裏書人Cから裏書取得しましたが、Cから実は融通手形であると打ち明けられたということです。このまま取立てに応じてもよいのでしょうか。

A answer

Aは、「融通手形であることを知って」Cから取得したとしても、原則として振出人Bに対し手形金を請求できるので、このまま取り立てることで差し支えありません。

▶ **解説** explanation

❶ 融通手形とは

　融通手形とは、金融の目的（資金を融通する目的）で振出・引受された手形のことをいい、一般的には、その手形の振出人と受取人がともに信用力が乏しい場合が多く、不渡りの可能性が高い手形です。

　たとえば、質問の当事者間において、Bが手形金500万円の約束手形を振り出してCに交付する融通手形（貸し手形）の場合は、Cは、受け取ったB振出の手形を取引金融機関に持ち込んで割り引きをしてもらって500万円相当の資金を調達するか、あるいは、Aから500万円相当の商品を仕入れて、その代金の支払のために受け取ったB振出の手形をAに裏書譲渡し、仕入れた商品を販売して500万円相当額以上の資金を調達することができま

す。この場合、当該貸し手形の決済資金500万円を融通先Cから満期日まで
にBが受け取る約定になっていたところ、受け取れなかった場合は、Bの
自己資金で決済せざるを得なくなりますが、B自身にも資金的余裕がなけ
れば不渡りとなってしまいます。つまり、融通手形の場合は、不渡りのリ
スクが高いということです。

　これに対し、BがCから商品を仕入れてその代金の支払のために500万円
の約束手形を振り出すのであれば（この手形を商業手形という）、Bは、仕
入れた商品の販売代金で振り出した約束手形金500万円を満期日に支払えば
よく、容易に手形金の決済をすることができます。つまり、商業手形であ
れば、不渡りリスクが低いということがいえます。

❷ 融通手形の抗弁と人的抗弁の切断

　融通手形とは知らずに受取人から裏書譲渡を受けて所持人となり、支払
呈示をしたところ、融通手形であることを理由に支払を拒まれることがあ
ります。しかし、融通手形であることを知って裏書取得したとしても、支
払拒絶の理由にはなりません（最判昭和34・7・14民集13巻7号978頁）。

　というのは、「融通手形であることを知って」裏書取得をしたことと、
「商業手形であることを知って」裏書取得をしたことの相違点は、その手形
振出の原因が「融通手形契約」か「売買契約」かの違いだけであり、それ
ぞれの契約が履行されることを前提に手形が振り出され、支払期日に支払
呈示されれば支払うことが前提となっているからです。

　したがって、Cから裏書譲渡を受けて所持人となったAは、「融通手形で
あることを知って」いたとしても、原則として融通手形の振出人Bに対し
て手形金の請求をすることができるので、取立委任を受けた金融機関はこ
のまま取り立てても何ら差し支えありません。

　なお、手形法は、手形により請求を受けた者（振出人等）は、所持人の
前者に対する人的関係に基づく抗弁をもって所持人に対抗することはでき
ないとしています（手形法17条本文。人的抗弁の切断）。つまり、BのCに
対する人的関係による抗弁（融通手形であるから支払には応じられないと

の抗弁）は、第一裏書人ＣからＡに対する裏書譲渡によって切断され、ＢはもはやＣに対する人的抗弁をもってＡに対抗することはできない（手形金500万円の支払を拒絶することができない）ということです。

❸ 悪意の抗弁

　ＡがＢを害することを知ってＣから手形を取得した場合は、ＢはＡに対して手形金500万円の支払を拒絶することができます（手形法17条ただし書）。たとえば、ＣがＢに融通手形の振出を依頼する際に、満期日までに手形金の決済資金をＢの当座預金口座に振り込む約束をしていたが、その約束を履行できないことをＡが知ってＣから当該手形を取得した場合は、ＡがＢを害することを知ってＣから手形を取得した場合に当たり、ＢはＡに対する手形金の支払を拒絶できるとされる可能性があります（最判昭和42・4・27民集21巻3号728頁・注）

　（注）最判昭和42・4・27は、甲乙が互いに交換的に融通手形を振り出し、もし乙が乙振出の手形の支払をしなければ、甲は甲振出の手形の支払をしない旨を約定した場合において、乙がその手形の支払をしなかったときは、甲は、同約定および、乙振出の手形の不渡り、あるいは不渡りになるべきことを知りながら甲振出の手形を取得した者に対し、手形法17条ただし書（77条1項1号）にいう、いわゆる悪意の抗弁をもって対抗することができるとしています。

Q123 住所、日付、被裏書人などが欠けている裏書の効力

裏書人の住所や裏書日付、被裏書人が空白の裏書は、有効な裏書でしょうか。

Answer 裏書の方式は、裏書人の署名（または記名捺印）のみでよく、裏書人の住所や裏書日付が欠けていても裏書の効力に影響はありません。また、被裏書人欄が空白の裏書も、手形法で白地式裏書として認められています。

▶ **解説** explanation

❶ 被裏書人欄が空白の裏書

　裏書の方式については、手形法は裏書人の署名（または記名捺印、手形法82条）を要件としています（手形法13条1項・77条1項1号）。また、裏書欄は裏書人の署名欄と被裏書人欄に分かれています。裏書人欄の裏書人の署名は裏書の要件ですから必要ですが、被裏書人欄の記載は必ずしも必要ではありません。もしも、被裏書人名が記載されていなくても「白地式裏書」として有効な裏書となります（同法13条2項・77条1項1号）。

❷ 裏書人の住所の記載がない場合

　裏書人の署名はあるものの住所の記載がない場合、法的効力にはまったく問題ありません。しかし、当該手形が不渡返還された場合に、手形の所

持人が当該裏書人に対して遡求権を行使（手形法43条）しようとしても、住所が不明ですからその調査に手間取ることになります。

　したがって、裏書人の住所の記載のない裏書のある手形は、金融機関が取立手形として預かる場合であれば、遡求権の行使に手間取るおそれがあることを取立依頼人に説明すべきでしょう。

❸　裏書の日付

　裏書の日付は裏書の要件ではないので、記載がなくても法的にはまったく問題ありません。日付が記載されていたとしても、その日に裏書されたらしいという程度のものです。もしも、記載がなければその裏書は支払拒絶証書作成期間経過前にされたものと推定されます（手形法20条2項・77条1項1号）。したがって、このような手形の取立を依頼された場合に、取立依頼人に裏書日付を補充するよう依頼することや金融機関が補充することは、法的にも実務的にも必要ありません。

❹　裏書の日付等と裏書の連続

　裏書が複数あってその日付が不整合である場合とか、振出日との関係が不整合な場合であったとしても、裏書の連続上、特に問題はありません。裏書日付の順番ではなく裏書自体の順番をみて判断すればよいのです。また、被裏書人欄が空白の場合は、その後の裏書の連続においては必ず連続することになります。

Q124 被裏書人欄の記載を誤った場合の対応

取立委任を受けた約束手形の第二被裏書人欄に金融機関のゴム印を押印すべきところ、誤って第一被裏書人欄に押印してしまいました。どうすればよいでしょうか。

A answer

誤って押印した被裏書人を抹消し、第二被裏書人欄に金融機関のゴム印を押印し直して取立を行えばよく、抹消印も不要です。

▶ **解説** explanation

❶ 被裏書人の記載の抹消

　質問の場合は、裏書不連続となり形式不備となってしまうので、そのまま取り立てても不渡返還されてしまいます。そこで、どのように修正すればよいのかが問題となります。

　この点について判例は、約束手形の裏書のうち被裏書人の記載のみが抹消された場合、当該裏書は、裏書の連続の関係においては、右抹消が権限のある者によってされたことを証明するまでもなく、白地式裏書となるとしています（最判昭和61・7・18民集40巻5号977頁）。

　その根拠は手形の流通を保護するところにあるようですが、実務対応としては、誤って押印した被裏書人のみを単に抹消すればよいことになります。これにより、第一裏書は白地式裏書となり、裏書は連続することになります。

❷ 抹消印の漏れ

　前掲最高裁昭和61年7月18日判決の判断を受け、全国銀行協会は、被裏書人欄の抹消の場合には、該当箇所への抹消印の有無にかかわらず、白地式裏書として取り扱うこととし、「裏書不備」を理由とする不渡返還はできない旨を通達しています。

　したがって、質問の場合は、第一被裏書人欄の誤った記載を単に抹消し、第二被裏書人欄に押印し直せばよく、抹消印は不要ということになります。

　なお、このような手形が支払呈示された場合、抹消印が押印されていないとして、「裏書不備」を理由とする不渡返還を誤って行うことのないように注意が必要です。

Q 125 　裏書の連続

第一裏書人がA社で被裏書人がB社、第二裏書人が
C社でその被裏書人D社が手形所持人となっている場
合、D社は手形金の支払を受けられないのでしょうか。

A answer

「裏書の連続」とは、受取人から最後の被裏書人に至
るまでの各裏書が形式的に連続していることをいい、
形式的な連続がありさえすれば、その手形の所持人は
正当な権利者とみなされ、正当な権利者であることを
何ら証明することなく支払を受けることができます。
しかし、質問の場合のように形式的に不連続の場合は、
実質的に連続している場合であっても、その所持人D
社は正当な権利者とはみなされないため、支払呈示を
しても支払を受けられません。ただし、実質的な裏書
の連続を証明することなどによって権利行使できる場
合があります。

▶ **解説** explanation

❶ 裏書の連続とは

　手形は、裏書によって転々流通することを特色としています。そこで問
題は、手形の正当な権利者をどのような方法で判定するかです。そのつど
流通過程を調査して正当な権利者であるか否かを決定するのでは手形は流
通しません。

そこで、手形法は、この点を解決するべく外観・形式で正当な権利者を決定することにしています。また、途中の裏書に偽造裏書や架空名義裏書などの無効な裏書が介在していたとしても、形式的に連続しているのであれば、裏書の連続が認められます（最判昭和30・9・23民集9巻10号1403頁）。

❷ 裏書の連続と所持人の権利行使

裏書が外観上、間断なく連続していれば、その手形の所持人（占有者）は正当な権利者とみなされます（手形法16条1項・77条1項1号）。

その結果、裏書の連続している手形の所持人は、手形の満期に手形金の支払を請求するには、単に支払呈示するだけで支払を受けることができます。そのつど自分が手形の正当な権利者であることを証明しなくてもよいのです。

❸ 裏書の不連続と所持人の権利行使

裏書が不連続の場合、その所持人は手形の正当な権利者とは認められないため、そのまま権利行使のため支払呈示をしても支払を受けることはできません。

ただし、裏書の連続を欠くために形式的資格が認められなくても、実質的権利を証明することができれば、手形所持人は支払を受けることができます（最判昭和33・10・24民集12巻14号3237頁）。

質問の場合、B社とC社が同一人であることが証明できる場合（たとえば、B社が合併によってC社となっている場合など）は、実質的には裏書が連続することになり、手形所持人D社はその実質的権利を証明することができます。

しかしながら、このような、自己が正当な権利者であることの証明は時間と手間がかかりますから、手形を取得する場合、裏書の連続は必ずチェックしなければなりません。

Q 126 受取人・第一裏書人の同一性の判断

· ·

預金取引先Aから、同人が第二裏書人となっている手
形の取立委任を受けました。しかし、手形の受取人
欄は「B工業所」と記載され、第一裏書人欄は「B工
業所代表者C」と記載されており、受取人欄にはCの
個人名が記載されていません。このまま取立委任を受
けてもよいのでしょうか。

A _{answer} 裏書の連続は、受取人・第一裏書人・被裏書人の表示
と、直後の裏書人の署名の同一性が認められるかどう
かで判定します。質問の場合、判例によれば連続が認
められるものと考えられ、このまま取立委任を受けて
も支障ないものと考えられます。

▶ **解説** explanation

 ❶ 裏書の要件・方式等と裏書の連続

「裏書の連続」とは、受取人から最後の被裏書人に至るまでの各裏書が形
式的に連続していることをいい、実質的に連続していることをいうのでは
ありません。また、途中の裏書に偽造裏書や架空名義裏書などの無効な裏
書が介在していたとしても、形式的に連続しているのであれば、裏書の連
続が認められます。

(1) **裏書の要件・方式**

法律上、裏書の方式は、裏書人の署名（または記名捺印、手形法82条）に

よって行えばよく、手形の裏面または補せんに裏書をすれば、被裏書人を指定しない白地式裏書でもよいとされています（手形法13条・77条１項１号）。

このように、裏書人の住所のほか、被裏書人や日付は裏書の要件ではないので、これらの記載がなくても、あるいは日付が振出日または先行裏書日の日付と逆転していても方式上無効とはなりません。つまり、裏書人の署名（または記名捺印）があれば裏書として有効とされます。

⑵　裏書人と受取人等との同一性の判断（判例の考え方）

裏書が連続しているかどうかは、「裏書人の表示」と「受取人欄（または直前の裏書人の被裏書人欄の表示）」とが、同一の記載となっているかあるいは同一でなくても同一性を認められるかどうかによって決定されます。この同一性の判定について判例・学説は、同一性の程度の問題であり、かつ、社会通念（常識）に服するとしています。さらに、裏書が連続しているかどうかは、両方の記載を比較対照しながら、その関連において合理的解釈を加えて、同一性を判定すべきものだとしています。

裏書の連続が肯定されたものとしては、①愛媛無尽会社岡支店長→北宇和郡泉村岡善恵（最判昭和30・９・30民集９巻10号1513頁）、②受取人・山形陸運㈱→第一裏書人・山形陸運株式会社取締役社長半田瀬市（最判昭和36・３・28民集15巻３号609頁）、③受取人・ミツワ商品株式会社→第一裏書人・ミツワ商品株式会社黒田知弘㊞（最判昭和56・７・17金融・商事判例630号15頁）、④イマキ産業→イマキ産業代表今井喜三郎、などがあります。

一方、裏書の連続を認めなかったものとしては、①榎本濱次郎→榎本和照、②武田信一（武田工業）→左官工事請負武田宗久、などがあります。

❷　裏書の連続等に疑義がある場合

判例は広く裏書の連続を肯定し、その判断基準も手形所持人の有利になるよう緩やかに解する傾向にありますが、金融機関の立場では個々の場合に確信をもって判定できない場合があります。よって、裏書の連続について若干の疑義がある場合、取立委任手形についてはそのまま取り立てるかどうか依頼人の判断によることとすべきです。

Q 127 呈示期間経過後の小切手の支払呈示
·····································

振出日が8月3日の小切手が、同月の25日に支払呈
示されました。小切手法が定める支払呈示期間をすで
に経過していますが、このまま支払に応じてもよいの
でしょうか。

A answer

小切手法によれば、小切手は一覧払であり、先日付小
切手がその日付前に支払呈示された場合でも呈示日に
支払うべきものとしており、また、振出日から10日内
に支払のために呈示することを要するとしています。
しかし、小切手の支払人（金融機関）は、支払委託の
取消しがない限り、支払呈示期間経過後であっても支
払うことができるとも規定しています。したがって、
質問の場合、金融機関は、このまま支払に応じること
もできます。

▶ **解説** explanation

❶ 支払呈示期間経過後の小切手の支払の可否

　小切手法によれば、小切手は一覧払であり、先日付小切手がその日付前
に支払呈示された場合でも呈示日に支払うべきものとしており（小切手法
28条）、また、振出日から10日内まで（振出日を含めて11日間。最終日が金
融機関の休業日にあたった場合には翌営業日まで）に支払のために呈示す
ることを要するとしています（同法29条1項）。しかし、小切手の支払人で

ある金融機関は、支払委託の取消しがない限り、支払呈示期間経過後であっても支払うことができると規定しています（同法32条2項）。

❷ 当座勘定規定

　当座勘定規定では、手形については支払呈示期間内に支払呈示された場合に限り支払うものと定めているのに対し、小切手については（支払呈示期間内であるか否かにかかわらず）単に小切手が支払呈示された場合は支払うものと規定しています。つまり、小切手については、支払呈示期間経過後に支払呈示されたり、先日付小切手が日付前に支払呈示された場合であっても、支払呈示されたときに支払うものとしているわけです。

　ただし、長期間経過（概ね30日以上経過）している小切手については、念のため振出人に照会する等して対処するのが好ましい扱いです。

Q128 呈示期間経過後の手形の支払

. . . .

支払呈示された手形を支払ったところ、呈示期間経過
後に呈示されていたことが判明しました。金融機関の
責任はどうなるのでしようか。

A answer

呈示期間経過後に支払呈示された手形を支払ってしまっ
た金融機関は、「事務管理」を行ったことになるので、
当該事務管理が手形債務者（当座取引先）の意思に反
するものであった場合のリスクは金融機関が負担する
ことになります。

▶ **解説** explanation

❶ 「支払をなすべき日」と支払呈示期間

手形法38条1項によれば、確定日払手形の支払呈示期間は、「支払をなす
べき日」とこれに次ぐ2取引日となります。たとえば、手形面に記載され
た支払期日が12月31日（月）となっている場合の当該手形の「支払をなす
べき日」は翌年1月4日（金）となります。また、これに次ぐ2取引日は
1月7日（月）と8日（火）となるので、当該手形の支払呈示期間は1月
4日と7日と8日の合計3日間となります。

❷ 支払呈示期間経過後の支払呈示の効力

確定日払手形は支払呈示期間内に支払のため支払呈示をしなければなら
ず、支払呈示期間経過後に手形面に記載された支払場所（金融機関）に呈

示しても適法な支払呈示とは認められません。この点につき判例は、支払場所の記載はその手形の支払呈示期間内における支払についてのみ効力を有するのであって、支払呈示期間経過後は支払地内における手形の主たる債務者の営業所または住所において支払われるべきであり、したがって支払の呈示もその場所で手形の主たる債務者に対してなすことを要し、支払場所に呈示しても適法な支払の呈示とは認められないと判示しています（最判昭和42・11・8金融・商事判例82号9頁）。

また、当座勘定規定の約定により、金融機関は、手形については呈示期間内に支払呈示された場合にのみ支払義務を負い、呈示期間経過後に支払呈示された手形については、支払義務を負いません。また、この場合、呈示を受けた金融機関は、電子交換所規則施行細則（33条1項1号①）に従い、「支払呈示期間経過後」を事由とする「0号不渡事由」にて不渡返還をすべきことになります。

❸ 呈示期間経過後に手形を支払った場合の責任

呈示期間経過後に支払呈示された手形についてうっかり支払った金融機関は、義務なく他人（当座取引先）の事務を処理したことになるので、「事務管理」に該当します（民法697条）。事務管理を行った金融機関は、本人（当座取引先）のために有益な費用を支出した（支払呈示された手形を支払った）ときは、本人に対し、その償還を請求することができます（同法702条1項）。

しかし、本人の意思に反して事務管理を行った場合は、本人が現に利益を受けている限度においてのみ償還請求が可能となります（同条3項）。また、契約不履行や偽造等のため当座取引先から支払呈示期間経過後の支払委託の取消しがされ、金融機関による手形の支払の効力が認められなかったときは、金融機関が手形金相当の損失を被ることになります。この場合、金融機関は、支払を受けた手形所持人に対して不当利得の返還請求をするほかなくなります。

Q129 手形・小切手の紛失

金融機関の取引先Aが「手形・小切手を紛失した」と相談に来ました。どんなアドバイスをすればいいのでしょうか。

A answer

何よりもまず、速やかに手形等の支払金融機関に対して振出人と連名で紛失届を提出する必要があります。また、「公示催告・除権決定手続」を行わなければなりません。

▶ **解説** explanation

手形・小切手現物の紛失と除権決定

　取引先Aが手形・小切手を紛失すると、手形等は有価証券ですから、Aは、手形等の現物（紙片）だけでなく、現物と一体化した権利（手形債権や小切手債権）も紛失したとことになります。そして、紛失手形等が満期等に支払呈示されなかったとしても、手形等は受戻証券ですから、約束手形の振出人は手形と引換えでなければ手形債務の支払を拒否できるし、小切手の振出人は小切手と引換えでなければ当該小切手の遡求義務の履行を拒否できます。

　Aが紛失した約束手形の振出人から当該手形金の支払を受けるためには、公示催告・除権決定手続（紛失手形を無効とする手続）を行うことが必要です（非訟事件手続法114条以下）。除権決定が確定すると、紛失手形は無効となり有価証券から単なる紙切れに戻ります（同法118条1項）。そして

Aは、手形現物がなくてもこの除権決定によって、紛失手形による権利を主張してその債務者（約束手形の振出人）に対して支払請求することができます（同条２項）。

② 紛失した取引先Aに対するアドバイス等

紛失した手形等について善意取得者が現れると、手形等の債務者（約束手形の振出人、為替手形の引受人、小切手の振出人）は、この正当な権利者である善意取得者に支払わなければならないことになり、紛失したAはもはや何ら権利行使はできなくなります（手形法16条２項）。

そこでAは、何よりもまず速やかに手形等の支払金融機関に対して振出人と連名で紛失届を提出する必要があります。たとえば、紛失届出後に支払呈示された場合、支払銀行は紛失を理由とする不渡返還手続をとることになります。

さらにAは、「公示催告・除権決定手続」を行わなければなりません。というのは、善意取得者が現れなかった場合であっても、除権決定を得なければ手形債務者等の支払を受けることができないためです。

Q 130 小切手の紛失届

当座預金取引先Ａから、Ａ振出の小切手の受取人Ｂが小切手を紛失したので、支払呈示されても支払わないでほしいとの申出を受けました。どのように対応すればよいでしょうか。

A answer

支払呈示された紛失小切手を不渡返還する場合は、Ａの不渡処分を免れるため、異議申立手続を行う必要があります。

▶ **解説** explanation

 小切手の法律関係

取引先Ａが小切手を振り出した場合、小切手法上の支払人（金融機関）は、Ａとの支払委託契約に基づいて、その小切手が支払呈示されれば支払うことになります。

この場合、金融機関は、小切手の支払事務を、善良な管理者としての注意をもって適切に行う義務をＡに対して負担しています。

小切手を紛失した場合の対応

小切手を紛失した受取人Ｂと振出人Ａが連名で紛失届を金融機関に提出すれば、この紛失届は紛失小切手の支払委託取消しの効力があります。

そこで、支払人（金融機関）は、当該小切手が支払呈示されれば、不渡返還しなければなりません。ただし、不渡事由が紛失の場合は第２号不渡

事由のため、Aは、不渡処分を免れるため不渡異議申立手続を金融機関に依頼しなければ、不渡処分を受けてしまいます。

　Aは、金融機関に異議申立手続をしてもらうために、不渡小切手金額と同額の異議申立預託金をあらかじめ金融機関に預託する必要があります（Q121❸参照）。

Q131 自己宛小切手の紛失届

取引先Aから、自己宛小切手を紛失したので、支払呈示されても支払っては困るとの申出を受けました。どのように対応すればよいのでしょうか。

A answer 金融機関は、紛失届が提出された以上、その小切手が第三者から支払呈示されると、慎重な対応が求められます。所持人が明らかに無権利者であり、また諸般の事情に照らしてこれを疑うべき十分な理由があったにもかかわらず、漫然と支払に応じた場合は、重過失責任を免れず善意弁済の保護も受けることができなくなるので留意すべきです。

▶ **解説** explanation

❶ 自己宛小切手と金融機関の立場

(1) 自己宛小切手の法律関係

　自己宛小切手は、金融機関が小切手の振出人かつ支払人となる小切手であり、発行依頼人Aと振出人金融機関間の当該小切手の売買と解されています。

(2) 自己宛小切手を紛失した場合

　自己宛小切手の発行依頼人と振出人（金融機関）との間には支払委託の関係は存在しないため、発行依頼人から紛失届が提出されても、支払委託取消しの効力はありません。金融機関が振出人でありかつ支払人ですから、

支払うか支払拒絶するかについては金融機関の判断によることになります。紛失届が提出されたからといって紛失を理由とする不渡返還を強制されるわけではありません。紛失届は、「支払の慎重を期すべく注意を喚起した単なる警告的なもの」にすぎません（東京高判昭和42・8・30金融・商事判例73号12頁）。

　自己宛小切手の所持人が善意取得者の場合は、金融機関が支払人の立場で不渡返還したとしても、善意取得者から金融機関に対して振出人としての遡求義務を履行するよう求められます。したがって、このような場合は、原則として、支払に応じざるを得ないことになります（小切手法21条）。

❷　紛失届と実務上の留意点

　紛失届が提出された後、その小切手が第三者から支払呈示されると、慎重な対応が求められ、所持人が明らかに無権利者であり、また諸般の事情に照らしてこれを疑うべき十分な理由があったにもかかわらず、漫然と支払に応じた場合は、重過失責任を免れず善意弁済の保護も受けられないので留意すべきです（前掲東京高判昭和42・8・30）。

　前掲東京高判昭和42・8・30の事案の概要は、自己宛小切手の発行依頼人から譲渡を受け所持人となったＡが、当該小切手を何者かに盗取されたため、発行依頼人との連名で振出人甲銀行に盗難届を提出したが、同小切手は盗取者Ｂから呈示期間経過後にＣに譲渡され、さらに事情を知らないで所持人となったＤから甲銀行に支払呈示されたというものです。

　ところが、甲銀行は、このような事実関係を把握できたにもかかわらず、自己宛小切手は呈示期間経過後も無条件に支払っている商慣習に従って、所持人Ｄに対する支払に応じたため、被害者Ａから訴訟を提起されたものです。小切手を支払呈示期間経過後に取得しても善意取得は認められないため、Ｄは明らかに無権利者であるにもかかわらず、漫然と支払に応じた銀行には重大な過失があるとしてＡに対する支払責任を負うとされました。

Q 132   記名式小切手の支払上の注意点と入金証明

記名式小切手が支払呈示されました。どのような点に注意したらいいのでしょうか。入金証明がある場合は、そのまま支払に応じてもよいのでしょうか。

A answer
所持人が名宛人か否か調査して支払うべきです。もし裏書がある場合は、裏書の連続を必ずチェックして被裏書人が所持人であることを確認すべきです。
入金証明がある場合は、支払銀行である金融機関はこれを信用して支払うことができます。

▶ **解説** explanation

❶ 記名式小切手の支払上の注意点

　小切手は支払証券であり、現金に代わる換金性に特色がありますから、持参人払式が大半です。しかし、何らかの事情があって記名式の小切手が振り出されることがあります。

　記名式小切手の振出人は、名宛人にのみ支払ってもらいたいという意向があるので、所持人が名宛人に相違ないか否か調査しなければなりません。所持人が面識もない者の場合は、運転免許証等本人を証明する資料で確認することが不可欠です。

　ただし、記名式小切手は裏書によって移転できるので、もし裏書がある場合は、裏書の連続を必ずチェックして被裏書人が所持人であることを確認します。裏書が不連続であれば、裏書不備により小切手金は支払うこと

ができません。なお、交換呈示の場合は、裏書不備であっても、取立金融機関が入金証明することによってこの不備を補完することが可能です。

❷　入金証明の意味と留意点

　入金証明とは、記名式または指図式の小切手の裏書が不連続などの不備がある場合、交換呈示しても裏書不備で不渡返還されるので、取立金融機関（持出銀行）が「この小切手は名宛人口座に入金されたものであることを証明します」旨を小切手の裏面に記載することを入金証明といいます。

　この記載があると、支払金融機関は、これを信用してそのまま支払うことができ、これによって小切手の流通が保護されることになります。ただし、この入金証明という制度は小切手法に定めがあるわけではなく、金融機関間の慣習として行われており、電子交換制度に定められています（電子交換所規則施行細則10条）。

　なお、この入金証明を信頼して支払ったものの、支払先が実は無権利者であった場合、支払人である金融機関はその責任を問われるのかが問題となります。これについては、証明金融機関が責任を負うべきものとされています（東京地判昭和35・2・1下民集11巻2号261頁）。

Q133 実印が押印された小切手の支払

当座取引先A（個人事業主）の経理担当者BがA振出の小切手を持参して来店し、現金払を依頼されました。しかし、小切手には取引印ではなく実印が押印されていたので、Bに照会したところ、「取引印をAが持参して出かけていたので、やむを得ず実印を使用したものであり、急いでいるので直ちに支払ってほしい」とのことです。このまま支払に応じてもよいのでしょうか。

 A answer 取引先が振り出した小切手による当座預金の出金や支払呈示された手形・小切手の支払に際しては、手形・小切手の押印が届出のあった取引印に相違ないか照合して行います。質問の場合は、取引印が押印されていないため、取引先A本人の意思確認ができない限り支払ってはなりません。また、支払にあたっては、Aの念書または差替え小切手が必要です。

▶ 解説 explanation

❶ 小切手の支払に際しての注意点

　小切手の支払にあたっては、小切手に押印された印鑑が、あらかじめ届出のあった取引印に相違ないか相当の注意をもって照合し、相違ないものと認められた場合のみ支払に応じることになります。この相当の注意を怠るなど印鑑照合義務に違反したために、取引先に損害が生じた場合、支払

委託契約上の受任者としての注意義務違反を問われます（民法644条）。

　また、無権限者に支払った場合は、当該無権限者が、取引上の社会通念に照らして「受領権者としての外観を有する者」であり、金融機関が無権限者であることを知らず、かつ、知らないことにつき過失がなかったときに限り、当該弁済は有効とされ、金融機関は免責されます（民法478条）。

❷　実印が押された小切手

　実印は、自然人の場合は当該個人（会社の場合は会社代表者）が厳重に保管するものであり、その社会的な重要度合いからは取引印と同等以上のものです。当座勘定取引規定によれば、取引印以外の印鑑の押された小切手等は支払ってはなりませんが、実印が押されているときはどうでしょうか。

　この点、最高裁昭和58年4月7日判決は、要旨「銀行は、当座勘定取引契約において取引印として届け出られていない実印を用いて振出された手形、小切手を支払うにあたっては、当該実印が右契約の締結及び取引印の届出に際し使用されていたとしても、取引先に対し支払委託の有無を確認すべき注意義務があり、これを尽くすことなく偽造手形、偽造小切手の支払をしたときは、過失の責めを免れない」と判示し（民集37巻3号219頁）、実印で振出された偽造小切手を支払った銀行の責任を認めています。

❸　取引先の支払委託の意思の確認

　質問のように、実印の押された小切手が支払のため呈示されたときは、金融機関は、直ちに取引先に通知し、小切手を決済するかどうかの意思（支払委託の有無）を確認しなければなりません。

　なお、前掲最高裁昭和58年4月7日の事案では、銀行は、実印が押印されていたため取引先に支払委託の意思を確認しなかったわけですが、同判決は「特に支払委託の意思を照会していない以上、債務不履行について過失のあることを免れない」として銀行の責任を認めています。

Q 134 振出日前に取立依頼された先日付小切手

取引先が、当座預金に入金するため小切手を持参しましたが、当該小切手の振出日が先日付となっています。このまま受け入れてもよいのでしょうか。

A answer

小切手は一覧払のものとされ、先日付小切手が振出日前に支払呈示された場合でも、支払金融機関は、当該支払呈示日に支払わなければならず、このまま受け入れた場合、小切手の振出人が不渡処分を受けるなどのトラブルが発生するおそれがあります。取引先が間違って持参したかもしれないので、本日入金してもよいのか確認すべきです。

▶ **解説** explanation

❶ 先日付小切手を振り出す理由

取引先が商品を販売する際に、購入申出のあった者から、「今は資金的に余裕がないが当月末日には支払が可能となる。そこで、小切手の振出日を当月末日としておくので当該振出日までは支払呈示をしないようにしてほしい。」との申出を受けることがありますが、このような小切手のことを先日付小切手といいます。

❷ 先日付小切手の取扱い

小切手は一覧払のものとされ（小切手法28条 1 項）、先日付小切手が当該

振出日前に支払呈示された場合は、支払人である金融機関は、当該支払呈示された日に支払うべきものとされています（同条２項）。

❸ 振出日前に支払呈示された先日付小切手への対応

たとえば、先日付小切手の受取人Ａが、振出人Ｂとの約束を失念して振出日前に取立依頼してしまった場合、取立依頼を受けた金融機関が先日付小切手であることに気づかずに、そのまま振出日前に取立手続を行うと、支払金融機関は、振出日前の支払呈示であっても支払わなければならず、もしも資金が不足している場合は、不渡返還せざるを得なくなります。

　もっとも、支払金融機関は、Ｂに対して資金不足となっていることを通知するので、所持人Ａによる手違いであることが判明することがあります。この場合は、持出金融機関の役席者は、Ａの依頼を受けて、Ｂが不渡処分を受けることを回避するために、支払金融機関の役席者に連絡し、依頼返却の手続をとることになります。

　しかし、支払金融機関からＢへの通知が不在等のためできなかった場合は、Ｂは不渡処分を受けて事実上倒産する事態を招くおそれがあります。このような場合、ＡはＢに対して不法行為等による損害賠償責任を負うおそれがあります。

　したがって、質問の場合、金融機関は、取引先に対し、先日付小切手である旨を伝えるとともに、本日取立手続を行ってもよいのかどうかを確認しなければなりません。もしも、そのまま取り立てるように依頼された場合は、先日付小切手であることを承知のうえで取立を依頼するものであること、および金融機関には何ら迷惑をかけない旨の念書を徴求した方がよいでしょう。

Q135 線引小切手における取引先の範囲

線引小切手の支払や受入にあたっては、取引先を相手にすべきだということですが、どのような先を取引先というのでしょうか、僚店取引先も含むのでしょうか。

A answer 線引小切手における取引先といえるためには、取引を通じて素性の知れた者という考え方が主流であり、僚店取引先も含まれます。

▶ **解説** explanation

 線引小切手受入可能な取引先

線引小切手（一般線引小切手）を支払う場合や受け入れる場合は、取引先を対象とする旨が小切手法に定められています（同法38条1項・3項）。

この取引先と認められるためには、金融機関とある程度の期間取引があって、身元も明らかな者という考え方があり、これが今日の通説といわれる考え方です。

具体的には、融資先、当座取引先は、新規取引先であっても信用調査等を通じて身元も明らかとなっているはずですから、取引先と解することができますが、少額の現金で普通預金口座を開設しても取引先とはいえません。

なお、この場合、犯罪収益移転防止法上の取引時確認を行うことで身元が判明するからよいのではないかという考え方があるかもしれません。しかしながら、取引時確認のための公的証明書がいとも簡単に偽造され、結

果として架空名義口座が開設されるといった事件が後を絶ちません。これに対して、線引小切手における取引先といえるためには、取引を通じて素性の知れた者という考え方が主流ですから、犯罪収益移転防止法に基づく取引時確認よりも厳格な確認手続が求められると考えておくべきでしょう。

② 取引先の範囲

　取引先の範囲について、取扱店の取引先だけでなく、僚店の取引先も含まれるかという問題ですが、今日では、コンピュータシステムの発展などにより、他店の取引でも容易に取引内容が検索できることを考慮して、僚店の取引先も含むと解されています。

Q136 線引小切手の裏判の効力

支払呈示された線引小切手の裏面に当座取引先の当座届出印が押印されていた場合、その持参人（一見客）に支払っても小切手法上の責任を問われることはないのでしょうか。

answer　一見客が無権利者であった場合は、金融機関は、これによって損害を被った第三者に対して小切手金額を限度として損害賠償責任を負うことになります。したがって、支払う前に当座取引先に真偽を確認するなど、慎重な取扱いが望ましいものと考えられます。

▶ **解説** explanation

① 裏判払を行う理由と小切手法上の問題点

⑴　裏判払を行う理由

　一般線引小切手の支払については、他の金融機関または支払金融機関の取引先にしか支払ってはならないとされています（小切手法38条1項）。一見客は取引先ではありませんから、正当な権利者であっても小切手法上は支払えません。たとえば、金融機関の当座取引先Aが、その仕入先Bに小切手で代金を支払った場合、金融機関とは何ら取引のないBが支払金融機関の窓口で現金支払を受けようとしても、当該小切手が線引小切手の場合は、金融機関はBに支払うことはできません。しかしながら、Aは未使用の小切手用紙すべてに一般線引きを記入してしまっているため、Bがどう

しても現金支払を受けたいというのであれば、AがBと同行して金融機関の窓口で現金払を受けざるを得ないことになります。

そこで、このような不便を解消するべく、当座勘定規定に、線引小切手の裏面に振出人が支払金融機関に届け出た届出印を押印してあれば、そのまま一見客であるBに支払うことができるという規定を定めています。これを俗に「裏判払」と称しています。

(2) 小切手法上の問題点

裏判線引小切手の取扱いの根拠は当座勘定規定であり、支払金融機関と振出人の特約にすぎないので、その効力も当然支払金融機関と振出人限りです。

また、小切手法上は、裏判が押印されていても線引の効力は消滅しないので（小切手法37条5項）、金融機関は線引違反を問われます。これによって第三者に損害が発生した場合、線引違反者である金融機関は当該第三者に対して小切手法上の損害賠償責任を負うことになります。

❷ 受領者が無権利者だった場合と実務対応策

裏判払をした受領者が無権利者だった場合、金融機関は小切手の真の権利者に対し小切手金額を限度として損害賠償責任を負います（小切手法38条5項）。なぜなら、当座勘定規定による特約は当座取引先に対してのみ有効であり、第三者（真の権利者）には対抗できないからです。

そこで、この金融機関が負担せざるを得なくなる損害を防止するため、当該損害賠償金を振出人（当座取引先）に求償できる旨の特約を支払金融機関と当座取引先の間で締結した当座勘定規定で約定しています。

ただし、この特約も支払金融機関の過失によって支払われた場合にまで適用があるかは疑問のあるところです。また、振出人に求償できるといっても、振出人が破綻した場合など事実上求償できないケースもあり得ます。

したがって、この制度により一見客に支払う場合は、その都度、当座取引先に真偽を確認するなど、慎重な取扱いが望ましいものと考えられます。

複数の線引がなされている小切手の効力

線引が複数ある小切手は、どのように扱うべきでしょうか。

A answer

線引が複数ある小切手は、取立依頼を受けないようにすべきです。

▶ **解説** explanation

　小切手法は、線引が複数ある場合については、原則としてその小切手は無効としています。ただし、例外的に、2本の線引のうち1本が電子交換所に取立に出すためのものであるときは、この交換取立用の線引は除外して考えればよいので有効だとしています（小切手法38条4項）。しかし、交換取立用の線引ではなく通常の線引が複数あるときは無効です。

　また、複数ある線引を抹消して1本にしても、この抹消自体が認められませんから同じです（同法37条5項）。

　したがって、線引が複数ある小切手は、取立依頼を受けないようにすべきです。

Q 138 小切手金額の複数記載

金額欄に文字で金壱百円也と記載され、欄外にアラビヤ数字で¥1,000,000円と記載されている小切手が支払呈示されました。この場合、100円または100万円いずれの金額を支払えばよいのでしょうか。

A answer

当座勘定規定には複記のいかんにかかわらず金額欄記載の金額をもって手形または小切手金額とする旨が定められており、金額欄に金壱百円也と記載されている以上、支払金額は100円ということになります。

▶ 解説 explanation

　小切手法には、金額が文字と数字で複記されている場合は、文字による金額をもって小切手金額とする旨を定めており（小切手法9条1項）。これによれば、小切手金額は100円ということになります。

　金融機関が支払をするにあたっては、小切手法にかかわらず当座勘定規定に従って対応することになりますが、同規定6条は、金額の複記のいかんにかかわらず、所定の金額欄記載の金額によって取り扱う旨定めていますので、支払金額は100円ということになります。

　質問と同様のケースについて、最高裁は、「100円が手形金額としてはほとんどあり得ない小額であり、右手形に100円（現在は200円）の収入印紙が貼付されているとしても、100円と解するのが相当である」としています（最判昭和61・7・10金融・商事判例753号3頁）。

第6章　当座勘定取引と手形・小切手

Q 139 当座小切手と自己宛小切手との違い

当座小切手と自己宛小切手の相違点はどのようなものでしょうか。

A answer 当座小切手の場合、金融機関は、当座勘定取引先との支払委託関係に基づく支払人であり、当座勘定取引先が振り出した小切手の支払事務を、善良なる管理者としての注意をもって適切に行う義務を当座勘定取引先に対して負担します。

これに対し、自己宛小切手の場合は、金融機関自身が振出人かつ支払人となり、自己宛小切手発行の法律関係については、発行依頼人と振出人である金融機関間の自己宛小切手の単なる売買と解されています。

▶ **解説** explanation

① 当座小切手の法律関係

　当座小切手というのは、当座勘定取引先が小切手を振り出し、支払金融機関（支払人）は当座勘定取引先との支払委託契約に基づいて、その小切手が支払呈示されれば支払うという関係から生ずる小切手です。この場合、支払金融機関（支払人）は、振出人が振り出した小切手の支払事務を、善良なる管理者としての注意をもって適切に行う義務を取引先に対して負担しています。

❷ 自己宛小切手の法律関係

　自己宛小切手は、金融機関が小切手の振出人かつ支払人となるもので、その法律関係については、発行依頼人と振出人である金融機関間の小切手の売買と解されています。

　当座小切手との立場の違いがはっきりするのは、所持人が小切手を紛失したときです。この点については、Q131を参照ください。

Q140 電子交換制度

電子交換所とその交換決済制度の内容は、どのようになっていますか。

A answer　電子交換所とその交換決済制度の内容は、解説記載のとおりです。

▶ **解説** explanation

❶ 電子交換所とは

⑴ 電子交換所とその役割

　電子交換所は一般社団法人全国銀行協会（以下「全銀協」という）によって設立され、2022年11月4日から交換決済業務を開始しています。手形等のイメージデータを金融機関間で相互に送受信することにより交換決済を完結するものであり、従来の全国各地の手形交換所は廃止されました。金融機関事務の効率化はもとより、自然災害等への耐久性向上や決済期間短縮による顧客利便性向上などさまざまなメリットが期待されています。

　なお、全銀協は、2026年度末までに手形・小切手機能の全面的な電子化をめざすこととしています。

⑵ 電子交換所における交換手続の流れ

　電子交換所における手形等の決済のための交換手続の流れは、①手形等の受取人が取引金融機関（持出金融機関）に取立依頼を行う、②取引金融機関（持出金融機関）は、手形を保管したままで手形のイメージデータを交換所にアップロード（持出）し、支払金融機関（持帰金融機関）は、手

形のイメージデータを交換所からダウンロード（持帰）して交換決済を行う、③所定の手続を経て、支払金融機関（持帰金融機関）の手形等の支払人の預金口座から手形金等を引き落とす、というものです。

② 電子交換所の交換決済制度の概要

電子交換所の交換決済制度の概要は、以下のとおりです。

(1) 参加金融機関

電子交換所の参加金融機関は、「加盟金融機関」（日本銀行本店における当座勘定において交換尻決済を行う）、「決済委託金融機関」（加盟金融機関に交換尻決済を委託する）、「客員」（日本銀行）の3種から構成されています（電子交換所規則5条・9条）。

(2) 交換手形（証券）の種類

電子交換所の参加金融機関は、他の参加金融機関において支払うべき手形、小切手を電子交換所の交換に付すものとされています。また、配当金領収証、その他金額の確定した証券で、当該金融機関において領収すべき権利の明らかなものを、交換に付すことができます。さらに、参加金融機関は、自金融機関の店舗において支払うべき手形、小切手および配当金領収証等の証券を交換に付すことができます（電子交換所規則13条）。

(3) 交換持出（イメージデータの送信）

手形の取立を依頼された（取立委任を受けた）持出金融機関は、当該手形に特定線引（注1）を押印し、交換日の前営業日（注2）までに電子交換所へ取立手形のイメージデータを電子交換所システムに登録（持出）します（電子交換所規則18条1項）。また、参加金融機関における手形業務処理量の平準化のため、先日付（期日未到来）の手形についても、あらかじめ電子交換所システムに送信・登録することができるようになっています。

なお、取立依頼人から取立委任の取消し等があった場合、交換日の前営業日午後5時まで持出の取消しが可能となっています（同規則21条）。

そして、上記手形の交換日が到来した場合には、持出金融機関は交換日に交換所において持帰金融機関に対し、取立手形を呈示したものとみなさ

れます（同規則18条2項）。

　また、持出手形が持帰金融機関に呈示されたものと見做された場合には、持出金融機関は、保管している当該持出手形を持帰金融機関のために引き続き保管し、かつ交付した（引き渡した）ものとみなされます（同条3項）。ただし、その保管期間は3か月間となっています。

（注1）特定線引は小切手に関する制度ですが、持出金融機関を判別しやすくするために、電子交換所への手形のイメージデータの送信にあたっては、イメージデータを作成する前にすべての持出手形に押印します。

（注2）前営業日までに持出が困難な場合は交換日当日午前8時30分までにイメージデータを登録（持出）することとなっており、持帰金融機関の承認が得られた場合は、細則で定めるところにより、交換日の当日午前9時30分まで持出を行うことができます（電子交換所規則19条）。

⑷　証券データの作成

　電子交換所は、電子交換所システムにより、持出手形の証券イメージから証券データを作成し、細則で定めるところにより、証券イメージとともに参加金融機関（持帰金融機関等）が確認可能な状態に置きます（電子交換所規則22条）。

⑸　交換尻の算出等

　電子交換所は、交換日当日の正午の証券データをもって交換計数を確定し、参加金融機関別に交換尻データを作成し、電子交換所システムにより参加金融機関が取得可能な状態に置きます（電子交換所規則23条1項）。

⑹　交換持帰（イメージデータの確認）

　支払金融機関（持帰金融機関）は、持出金融機関が電子交換所システムに登録した自金融機関宛の支払手形（持帰手形）について、証券イメージおよび証券データを確認し（電子交換所規則24条）、手形の形式点検や印鑑照合等の事務を行います。なお、持帰金融機関は、持出金融機関の定める保管期限（3か月間）内において同金融機関が保管する持出手形現物について、現実の引渡しを求めることができます（同規則18条4項）。

また、電子交換所では、参加金融機関における手形業務処理量の平準化のため、先日付（期日未到来）の手形についても電子交換所システムに登録することができるので、支払金融機関（持帰金融機関）は、交換日が未到来の手形についても事前に証券イメージおよび証券データを確認して、形式点検や印鑑照合等の事務を前もって行うことができます。

なお、持出金融機関が登録した情報に誤りがあった場合の訂正や、当該手形が不渡りだった場合の持出金融機関への返還も電子交換所システムにより行います（同規則25条・33条・34条）。

(7) 交換尻の決済

電子交換所に持ち出した手形と持ち帰った手形の差額（交換尻）は、日本銀行本店当座勘定において毎営業日午後3時に決済します（電子交換所規則28条）。なお、電子交換所システムにおいて、交換日当日の午後0時を交換尻確定時限として交換尻振替請求データが作成され、参加金融機関が証券イメージおよび証券データを確認できる状態となります（前記（5）参照）。

(8) 取立手形金の入金

手形の取立を依頼された取立金融機関（持出金融機関）は、電子手形交換の資金決済後、手形の支払金融機関（持帰金融機関）から不渡りの連絡がないことを確認したうえで、取立依頼人の預金口座へ入金します。

❸ 取引停止処分制度

(1) 取引停止処分の内容

電子交換所における取引停止処分制度は、従来の手形交換所における取引停止処分と同様です。不渡処分の対象証券（約束手形、為替手形、小切手の3種類）について、6か月間に2回、支払能力に係る不渡りを出した手形・小切手の振出人・引受人に対する貸出取引と当座勘定取引を、電子交換所参加金融機関に対して2年間禁止します（電子交換所規則39条・42条）。

なお、電子交換所の手形の不渡処分制度と、でんさいネットの支払不能

処分制度とは別個の制度ですから、手形不渡り回数を合わせてカウントはしません。たとえば、手形の債務者について第1回目の手形不渡りが発生したが、その前にでんさいネットの第1回目支払不能が発生していたとしても、手形の不渡りは1回であり、当該債務者は取引停止処分を科されることはありません。

(2) 不渡手形の返還

持帰金融機関は、持出金融機関が持ち出した手形について、交換日にいったん手形金を支払います。しかし、持帰金融機関の手形支払人の預金口座から引き落としできない場合は、当該手形を交換日の翌営業日午前11時までに不渡手形として電子交換所システムに登録（以下「不渡返還」という）を行い、交換日の翌営業日の交換尻決済において、不渡手形に係る代わり金を受け取ります（電子交換所規則33条1項）。

また、持帰金融機関は、第1号不渡事由または第2号不渡事由に該当する場合は、交換日の翌営業日午前11時までに、電子交換所システムに不渡りに係る情報（以下「不渡情報登録」という）を登録しなければなりません（同規則40条1項）。

電子交換所は、規則33条1項の登録（不渡返還）があった場合、電子交換所システムにより、持出金融機関に対し、不渡返還が発生した旨を通知します（電子交換所規則施行細則25条2項）。また、支払金融機関（持帰金融機関）から不渡情報登録が行われた場合、電子交換所システムにより、持出金融機関にその旨を通知します（同施行細則31条5項）。

持出金融機関は、不渡の対象となった手形（小切手を含む）について、細則26条で定めるところにより、不渡事由を記載した付箋（以下「不渡付箋」という）を電子交換所に代わり貼付します（電子交換所規則33条2項）。

この不渡付箋には「資金不足」や「取引なし」などの不渡事由が記載されるので、不渡りになった理由や事情を当該手形の取立依頼人や小切手を入金した人などに知らせることができます。

なお、持出金融機関は、不渡情報登録が行われた場合、交換日の翌々営業日の午前9時30分までに、細則で定めるところにより、その登録された

情報を確認し、必要な情報を登録しなければなりません（同規則40条2項）。

(3) 不渡報告および取引停止報告

手形が1回目の不渡りとなった場合、参加金融機関では、交換日の翌営業日の午前11時までに、電子交換所システムに不渡情報（手形の振出人等の住所、氏名（または名称）、支払金融機関等）を登録します（電子交換所規則40条）。

電子交換所は、参加金融機関から不渡情報登録を受けたときは、原則として、交換日から起算して4営業日目に当該振出人等を不渡報告に掲載して参加金融機関へ通知します（同規則41条）。

また、電子交換所は、不渡報告に掲載された者について、その不渡情報登録に係る手形の交換日から起算して6か月後の応当日の前日までの日（応当日がない場合には月末日とする。）を交換日とする手形に係る2回目の不渡情報登録が行われたときは、原則として、取引停止処分に付するものとし、交換日から起算して4営業日目にこれを取引報告に掲載して参加金融機関へ通知します（同規則42条）。

(4) 異議申立と異議申立預託金

支払金融機関は、第2号不渡届に該当する不渡事由に対してのみ異議申立をすることができます。異議申立がなされると、不渡報告または取引停止報告に掲載されることはありません。第2号不渡事由である契約不履行、詐取、紛失、盗難、偽造、変造等の原因関係等に争いがある場合は、支払金融機関へ異議申立預託金を差し入れることを条件に不渡処分が猶予されます。

異議申立は、支払金融機関が当座勘定取引先である手形の支払人（約束手形の振出人等）から異議申立依頼書（異議申立の委託書）の提出、および不渡手形相当額の異議申立預託金の預け入れを受けたうえで、支払金融機関から電子交換所に異議申立書を提出することにより行います（電子交換所規則45条2項・38条）。

ただし、不渡事由が偽造および変造の場合は、異議申立預託金の免除申請を行うことが可能です（同規則45条2項ただし書）。

異議申立の時限は、電子交換日の翌々営業日の午後3時までとなっています（同規則45条1項）。

④ 当座勘定規定、手形用法・小切手用法の改正

電子交換所においては、手形等のイメージデータによる形式点検や印鑑照合を行うため、全銀協は、手形等の現物を前提とした当座勘定規定等を改正しています。

(1) 当座勘定規定ひな型の改正

当座勘定規定ひな型については、主に以下の改正が行われました。まず、電子交換所では、支払済手形の保管は支払金融機関（持帰金融機関）ではなく、取立金融機関（持出金融機関）が行うため、持出金融機関が支払済手形現物を破棄する場合を踏まえ、振出人による支払済手形現物の受戻請求期限を3か月とし、期限経過後は写しを交付するものとされています。

また、印鑑照合等を手形券面のイメージデータにより行うことを明確化する等の所要の修正が行われています。また、全国銀行個人信用情報センターにおいて、電子交換所の交換決済開始日（2022年11月4日）をもって不渡情報照会の取扱等が廃止されたことを踏まえ、当座勘定規定ひな型における同センターへの登録に係る規定が削除されています。

(2) 手形用法ひな型・小切手用法ひな型の改正

手形用法ひな型・小切手用法ひな型については、金額欄等のOCR読取箇所付近へのメモ書き等の禁止、および手書きで金額を記入する場合に崩し字等を用いることの禁止等の改正がされています。これは、手形券面に記載された金額等の情報を読み取ってデータ化する際の誤読を回避するための規定です。

〈著者紹介〉

髙橋 恒夫（たかはし　つねお）
1948年生まれ。1972年大阪銀行（現関西みらい銀行）入行。審査部
（融資部）管理課長、審査課長、東京支店次長、東京支店副支店長、
経済法令研究会顧問・専任講師を歴任。
主な著書
『Ｑ＆Ａでよくわかる　融資法務の実務ポイント168』『新訂　営業店
の融資管理の実務』、『改訂　トラブル防止のための融資法務Ｑ＆Ａ』、
『店頭ミス防止のためのＪＡ貯金法務Ｑ＆Ａ』、『金融取引別高齢者ト
ラブル対策Ｑ＆Ａ』、『新版　トラブル防止のための預金法務Ｑ＆Ａ』、
雑誌（『銀行法務21』『ＪＡ金融法務』）の連載、『特殊担保』（共著）、
『企業倒産時の実務対策』（共著）、『銀行実務判例総覧』（共著）（以上、
経済法令研究会）ほか論文多数。

Q＆Aでよくわかる　預金法務の実務ポイント

2023年3月10日　　初版第1刷発行

著　者　髙　橋　恒　夫
発行者　志　茂　満　仁
発行所　㈱経済法令研究会
〒162-8421　東京都新宿区市谷本村町3-21
電話　代表 03(3267)4811　制作 03(3267)4823
https://www.khk.co.jp/

営業所／東京 03(3267)4812　大阪 06(6261)2911　名古屋 052(332)3511　福岡 092(411)0805

カバーデザイン・本文レイアウト／アンシークデザイン　制作協力／地切 修
制作／船田 雄　印刷／富士リプロ㈱　製本／㈱ブックアート

©Tsuneo Takahashi 2023　Printed in Japan　　　　ISBN 978-4-7668-2491-9